JN156845

NHK
プロフェッショナル
仕事の流儀

2

技をきわめる
プロフェッショナル

編：NHK「プロフェッショナル」制作班

NHK プロフェッショナル 仕事の流儀 2

技をきわめるプロフェッショナル

目次

はじめに 4

僕のパンは、まだおいしくなる
パン職人 竹内久典 5

鉄曲げひとすじ、巨船を造る
ぎょう鉄職人 葛原幸一 45

時計に命、意地の指先
時計職人
松浦敬一
83

天職は、生涯をかけて全うせよ
うなぎ職人
金本兼次郎
117

人生を込めて、そばを打つ
そば打ち職人
高橋邦弘
155

はじめに

このシリーズは、NHKで放送された番組『プロフェッショナル 仕事の流儀』を書籍にまとめなおしたものです。

番組では、さまざまな分野の第一線で活躍しているその道のプロフェッショナルたちの「仕事」をほり下げ、プロフェッショナルたちの仕事にのぞむ姿勢や、その生き方をつらぬく「流儀」を紹介しています。

2巻「技をきわめるプロフェッショナル」では、自らの限界に挑み、技術をみがき上げ、人の何倍もの努力を重ねて技をきわめた5人のプロフェッショナルたちが登場します。

プロフェッショナルたちの仕事にのぞむ姿勢や考え方をとおして、仕事の奥深さ、働くということの魅力、プロフェッショナルたちの生き方の流儀を伝えられればと思います。

ストーリーの最後には、プロフェッショナルたちの格言をのせています。プロフェッショナルたちのことばが、これからを生きるみなさんの道しるべになることを願います。

「技をきわめるプロフェッショナル」編集部

僕のパンは、まだおいしくなる

パン職人　竹内久典

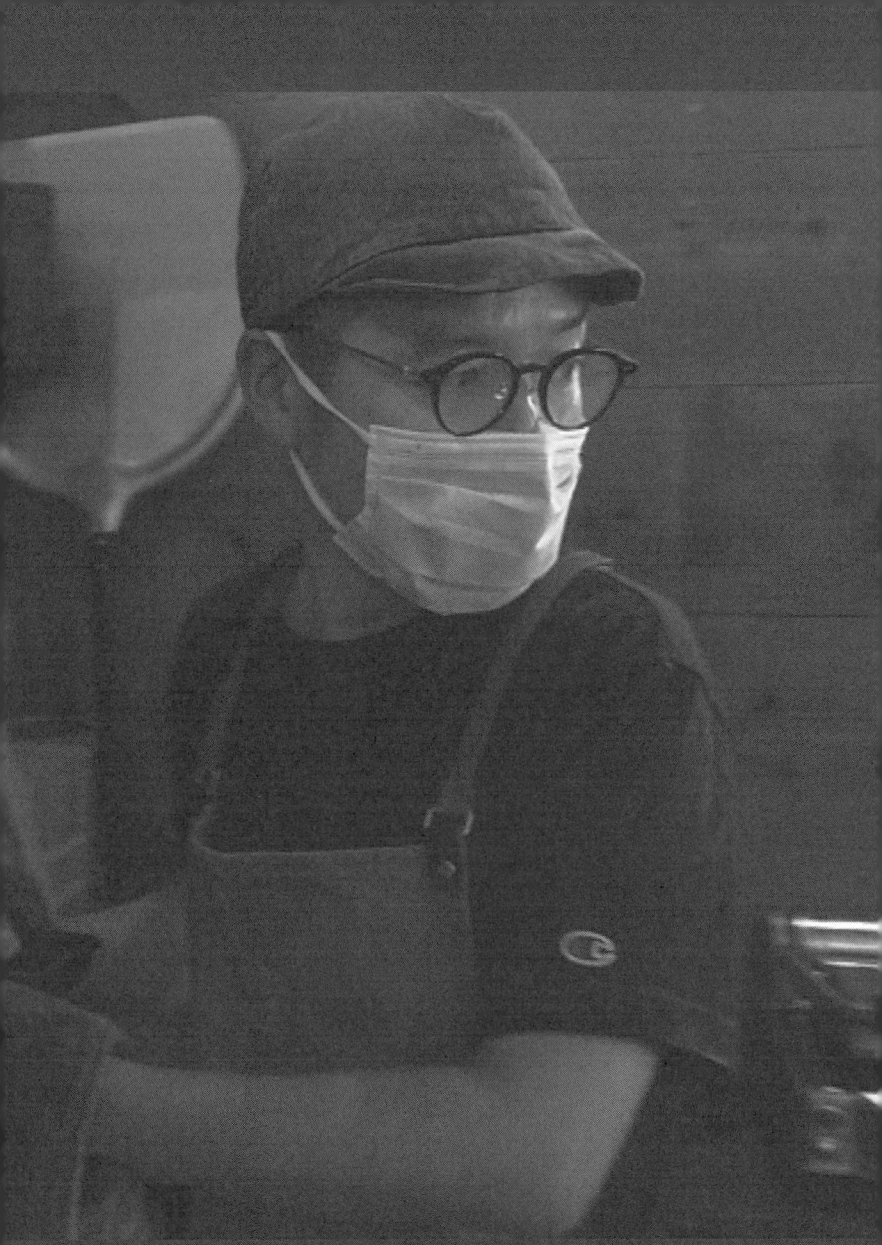

都会からはなれた山の中にある、山小屋のようなパン屋。
その店のパンを求めて、予約の電話が鳴りやまない。
パンをつくっているのは、無邪気な笑顔の職人。
伝統的な技法にこだわらず、独自の製法で新しいパンをつくっている。
かつて、都会で行列ができるパン屋として成功したが、
人気絶頂時に突然その店を閉店した。
それから3年の沈黙を破り、山の中で再びパンを焼きはじめた職人。
成功の影で悩み苦しみ、それを乗りこえてたどりついた
こだわりのパンづくり。
「まだ絶対、おいしくなる」
そう信じて、日々、挑戦し続ける。
彼が追い求める、〝ぼくだけのパン〟とは？

✳予約殺到！　大人気のパン

月曜日、朝10時。

山の中にあるパン屋さんの電話が鳴り続けています。

兵庫県西宮市にある「生瀬ヒュッテ」。

「ヒュッテ」は山小屋という意味で、その名のとおり、煙突つきの赤い三角屋根がかわいらしい、山小屋のようなお店です。

生瀬ヒュッテは人気のパン屋さん。電話のみの完全予約制でパンを販売しています。営業は火曜日から金曜日までの4日間ですが、毎週月曜日の午前10時から午後2時までの4時間で、その週の分の予約を受け付けています。

予約電話のようすを心配そうにうかがっている、丸い眼鏡の男性がいます。

竹内久典さん。

パン職人で、この店のオーナーです。

竹内さんにとって、1週間の仕事を決定する月曜日の予約の状況は重大事。だか

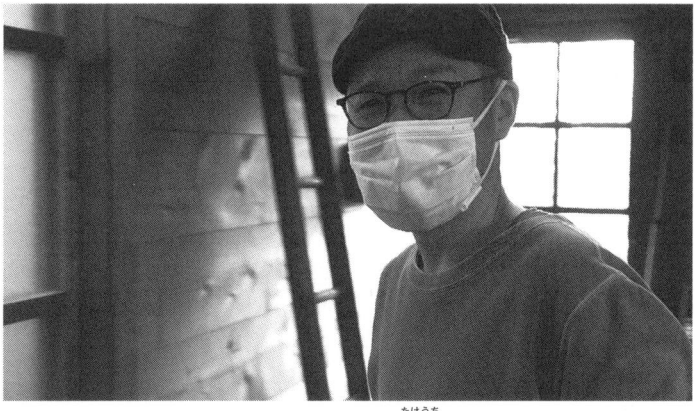

1週間分の予約がうまり、ほっとひと安心の竹内さん。

ら、毎週月曜日の朝は、こうして電話を気にしているのです。

電話はとぎれることなく鳴り続けます。やがて、電話を受けていた竹内さんの奥さん、直美さんが、

「すみません。もう、売り切れてしまいまして……」

と、お客さんに完売を伝えました。

予約を受けられなかったお客さんのことを考えると残念な気持ちもありましたが、お店の1週間分のパンの予約は、すべてうまったことになります。

「今週も、ひと安心」

竹内さんは、にっこり笑ってほっと胸をな

でおろしました。

生瀬ヒュッテが完全予約制なのには理由があります。

パンをつくっているのは、竹内さんと、20年いっしょに仕事をしている職人の森さんのふたりだけ。午前3時から、休憩をはさまずに12時間パンを焼き続けますが、ふたりでは、1日につくることができるパンの数に限りがあるのです。

生瀬ヒュッテを開店した当初は予約制にしていなかったため、わざわざ遠くからきて長時間並んでもらっても、パンがなくお客さんにそのまま帰ってもらうこともしばしばありました。

（せっかく遠くからわざわざ足を運んでくれたのに、何もわたせず帰ってもらうなんて……）

考えた末、竹内さんは、並ばなくても確実にパンを手に入れられる、完全予約制にすることにしたのです。

とはいえ、予約もかんたんにはできません。

定番商品と数種類の創作パンが並ぶ生瀬ヒュッテの店内。

月曜日の10時になると同時に電話が殺到するため、なかなかつながらないからです。中には、電話がつながるまで200回、500回とかけ続けるお客さんもいるほどです。

生瀬ヒュッテで販売するのは、食パンなどの定番商品と、毎月メニューが変わる数種のパンと今月のパンセット。一般的なパン屋さんとくらべて種類は少なめです。

そのうえ、予約ができても、当日は山の中のお店までパンを買いに行かなければなりません。

それでも、パンはつねに完売。

竹内さんのパンは、どうしてそんなに人気があるのでしょう。

竹内さんのパンは、すべて竹内さんの独自の製法によるものです。常識的なパンのつくり方は気にせず、竹内さんがいいと思う製法でつくられています。

たとえば、店の看板商品である食パン。

竹内さんは、おどろくほどやわらかい生地で食パンをつくります。通常の倍にあたる分量の水を加えてつくっているのです。

焼く前のパンの生地は、クリームのようにとろとろしていて形をつくるのがむずかしいほど。どれくらい水を加えることができるか、なんどもためして探りあてた、ぎりぎりの水分量です。この水をたっぷりふくんだ生地で、モチモチとした食べごたえがありながら、のどごしのよい食パンを実現しました。

水を増やした結果、機械に生地がとおらなくなり、すべて手で成形しないといけなくなりましたが、その手間をおしまずとことんおいしさを追求します。

人気のメロンパンのつくり方も型破りです。

通常のメロンパンの生地は、高温で1時間ほど発酵させます。しかし、竹内さん

ふつうの食パン

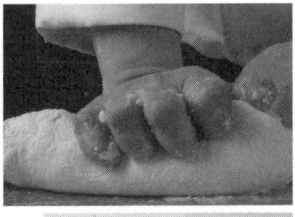

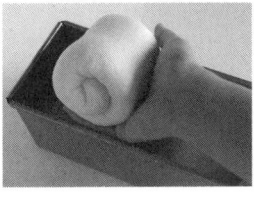

ふつうの食パンの生地。適度なかたさでまな板につかず、形がつくりやすい。機械で成形することもできる。

竹内さんの食パン

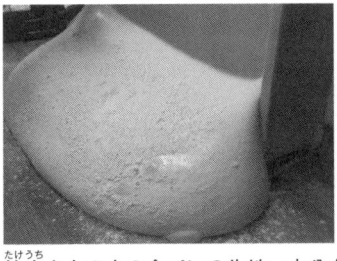

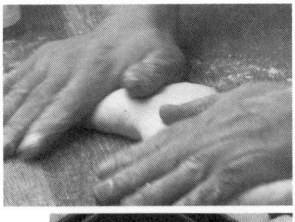

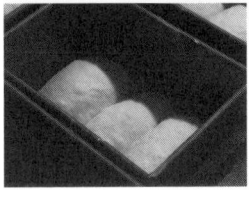

竹内さんの店の食パンの生地。水分をぎりぎりまで多くしているため、パン生地がまな板にくっつくほどやわらかく、形をつくりにくい。機械で成形できないため、一つひとつ手作業で成形している。

は天然酵母をつかい、15時間もの時間をかけて高温で発酵させます。その結果、竹内さんのメロンパンはおどろくほど軽く、ふわふわの食感です。

理想の味と食感をだすためなら、竹内さんは手間をおしまずコストもかえりみません。伝統的な技術や常識にもとらわれません。

おいしかったら、なんでもええ

「つくり方なんて関係ないんですよね。おいしかったら何をやってもいいんです」と、竹内さんは言います。

食パンは、水を増やしたらおいしくなったので水を増やした。科学的な理由はわからないけれど、おいしくなったからそれでいいと竹内さんは思っています。

正しいと言われるつくり方であっても、おいしくできなかったら意味がありません。手をぬいておいしくなるなら手をぬき、時間をかけておいしくなるのであれば思いきり時間をかけます。

おいしかったら、なんでもいい。

念願の吉田牧場から届いたチーズ。さっそく創作の意欲がわく。

それが、竹内さんのパンづくりの信念なのです。

＊＊＊

生瀬ヒュッテに、荷物が届きました。竹内さんが、いそいそと箱をあけます。

中身は、岡山県の名店「吉田牧場」のカマンベールチーズ。試作しているチーズパンに入れるためのものです。

生瀬ヒュッテの今月のパンセットは、毎月メニューが入れかわるため、竹内さんは月末になると、翌月の新しいセットの試作に追われます。

次の月のパンセットのうち、くだものを

練りこんだパンなど3種類は、すでにつくり方を完成させています。のこりのひとつがカマンベールパン。

具材にこだわる竹内さんは、おいしいチーズをやっと手に入れ、これで新作のパンを完成させようとしています。

さっそく試作をはじめました。用意しておいた生地に、届いたばかりのチーズをたっぷりと入れて焼きます。

しばらくすると、こんがりとおいしそうなパンが焼き上がりました。

いくつか焼いたうちのひとつは、たまたま表面に切れ目を入れた部分から、中のチーズがはみだしとけています。そしてとけたチーズには、こんがりしたきつね色の焼き色。

竹内さんは、そこに強くひかれました。

（このチーズが飛びだしてるところが、いちばんおいしそうだな……）

それならいっそ、チーズが必ずはみだすようにしよう、と考えついた竹内さん。

さっそくつくり直しです。

つくり直した試作。パンの裂け目からカマンベールチーズがとけだしている。

こんどは生地の上のほうにチーズを入れ、その表面にチーズがとけだすよう長い切れ目を入れました。

焼き上がったパンは、竹内さんのねらいどおり、すべてのパンの中からチーズがとけだしています。

「きましたよ、きましたよ、カマンベールチーズが」

楽しそうな声の竹内さん。

森さんがパンをちぎってひと口食べてみます。

「これは、うまい」

続いてパンを口に入れた竹内さん、

「ふふふ、むっちゃ、うまいな」

おやつを食べた小さな子どものような、幸せそうな笑顔です。

こだわりのカマンベールパンが完成しました。

これで翌月のセットパン４種類の準備が完了しました。

ところがその2日後、竹内さんはまた試作をはじめたのです。

カマンベールパンをとても気に入った竹内さん、ほかの創作パンも、くだものではなく、チーズをつかったものに変更したくなってしまったのです。

セットのパン3種類は、新しくチーズをつかって1から試作のやり直しです。

でも、竹内さんはそれをまったく苦にしません。新しいパンづくりに夢中になっています。

竹内さんには確信があります。

絶対、もっとおいしくなる

竹内さんには、自分のパンをもっとおいしくできるという自信があります。食べる人が本当に感動するようなパンをつくれると信じているのです。

どうして、そう言いきれるのですか？　とたずねられると、竹内さんはにっこり笑ってこうこたえます。

「だって、がんばるから……。そうなるまで。ぼくは」

パンはどこにでもあるもの。その中から自分のパンを選んでもらうためには、お客さんを納得させられるだけのおいしさを、どこまでも追求しなければなりません。そして、竹内さんにはそのための努力をおしまないという覚悟があるのです。

無邪気なようにも見える竹内さんの自信は、きびしい覚悟から生まれていました。

数日後、竹内さんの新作チーズパンがすべて完成しました。

クリームチーズとイチゴのパン。ブルーチーズを包んだパン。スモークチーズとクルミを練りこんだパン。

カマンベールパンとあわせて4種類、どれもが、チーズの力強さを存分に生かした、おいしいパンになりました。

販売されはじめると、お客さんの評判も上々。

家に帰るまで待ちきれず、お店の外でパンをほおばったお客さんは、ゆっくりとその味を楽しんで言いました。

「ああ、チーズを食べてるなって、実感できるパンです」

竹内さんのこだわりは、確実にお客さんに届いていました。

＊＊＊

ほかのどこにもない、個性的なパンをつくりだす竹内さん。その数は、２０００種類以上あります。

竹内さんは、お店で売るパンのほかに、レストランでつかわれるパンもつくって出荷しています。そうしたパンには、お店で売るパンとは別のこだわりをもっています。

フランス料理店でだされるフランスパンでは、フランスパンの特徴であるかたい歯ごたえをあえて捨てました。

空気の穴の大きな一般的なフランスパン（右）と、きめの細かい竹内さんのフランスパン（左）。

一般的なフランスパンとくらべ、竹内さんのフランスパンは皮がうすくてパリパリして、中にあいた空気の穴は小さめ。さっくりとした食感に仕上げます。

料理より先にとけてなくなるので、料理を楽しむのにぴったりなのです。

レストランでは、フランスパンは料理にあわせてだされます。そのとき、パンは主役ではなく、料理の脇役でなければいけないと、竹内さんは思っています。

どんなにおいしくても、皮のかたさが気になり、口どけの悪いパンでは、料理の味をじゃましてしまいます。

料理との相性を考えた結果、竹内さんは

フランスパンらしくないフランスパンにいきついたのです。

パンの役割にまでこだわる竹内さんは、研究をおこたりません。

つきあいのある料理店にお願いして、自分がつくったパンと、プロの料理人がつくる料理をいっしょに食べさせてもらうこともあります。実際にお店の料理と自分のパンを食べてみることによって、パンをつくっているだけでは考えつかないような発見があるからです。

自分だけでは限界があることも、ほかの業種の人と組むことによって可能性が広がっていきます。こうした地道な研究を積み重ねて、竹内さんは、よりおいしいパン、新しいパンのアイデアをふくらませていくのです。

✳成功と苦しみをへて

竹内さんはかつて、大阪市の中心部に店をかまえていました。

お店のスタッフは総勢30人。1日に1000人ものお客さんが訪れ、雑誌などにもとり上げられる超人気店でしたが、ある日突然、店を閉めました。
竹内さんにいったい何があったのでしょう。

竹内さんは、1972年、大阪府堺市に生まれました。
商店街にある履物屋さんの末っ子。まわりの人にかわいがられ快活に育ちました。
しかし、小学校の高学年になる頃、学校にかようのがつらくなります。自分には何もとりえがないような気がして、学校に居場所が見つけられなかったのです。
日々のちょっとしたつまずきが劣等感となって積み重なり、どんどん学校へ行くのがおっくうになっていきました。
そして中学2年生のとき、完全に不登校となってしまいます。
竹内さんは、自分が社会からはみだしてしまったような気がしました。このまま終わっていくのかなと、不安でいっぱいになります。
そんな竹内さんの唯一の心のよりどころになったのが、いろいろな会社の社長に成功秘話を聞くという、人気インタビュー番組。そこに出演している人たちはみな、中学をでて働くなど苦労はしていましたが、仕事で成功をつかんでお金持ちになり、幸せそうに見えました。

その自信にあふれる社長たちを見て、竹内さんは、

（ぼくもいつかは仕事で成功して、お金持ちになって、みんなにみとめられたい）

と思うようになりました。

そして、竹内さんは21歳のとき、大阪でいちばんいそがしいといわれるパン屋に就職しました。

パンは毎日食べるものだから、毎日売れるにちがいない。たくさん売れたらお金持ちになれる！　そうひらめいたからでした。

仕事をはじめた竹内さんは、成功してお金持ちになることを夢見て、寝る間もおしんでパンづくりの腕をみがきました。

すると、すぐに同僚の中でもとびぬけた技術を身につけるようになったのです。

竹内さんは、パンづくりに夢中になりました。

そうして若いパン職人として実力をつけていった竹内さんに、27歳のとき、人生

を変えるできごとがありました。

有名洋菓子店から、お店でだすための、これまでにない新しいパンをつくって欲しいと依頼されたのです。

そのお店のシェフは、中村道彦さん。洋菓子の業界で成功し、広く名前を知られた人です。

野心に燃える竹内さんは、大先輩の中村さんから飲食業についてのいろいろなことを学びました。身につけてきたパンの技術を駆使して中村さんのアイデアを次々と形にし、毎日毎日いろんなパンをつくっていきました。

どれもこれも、それまで見たこともないような斬新なパン。中村さんは、竹内さんの技を高く評価してくれました。

この経験から、竹内さんの心にある確信が芽ばえました。

（ぼくは、どこにもないパンをつくれる。ぼくはこれでいちばんになる！）

竹内さんは中村さんのお店をやめて独立し、自分のお店をだしました。

そして、確かな技術とあふれるアイデアで、ユニークでおいしいパンを次々につ

大阪の靱公園に自分のお店をだした頃の竹内さん。

くりはじめたのです。

竹内さんのパンはすぐに話題となり、3年目にはお店を拡大。そして、オープンから5年後に、ある新聞の企画で、「日本一おいしいパン」に選ばれました。

なんのとりえもないという劣等感で、自分の殻に閉じこもっていた少年時代。そして、そこから脱出して、いつかいちばんになろうと夢中で取り組んできたパンづくり。いろいろなことが思いだされて、紙面に大きく印刷された自分のお店の名前を見ながら、竹内さんの目に涙がにじみました。

（ようやくみとめられた……）

竹内さんは喜びをかみしめました。

しかし、これが苦しみのはじまりだったのです。

お店には毎日お客さんの行列ができるようになりました。竹内さんは工房を拡大し、24時間体制でパンをつくりましたが、お客さんは朝4時から並びはじめ、焼いても焼いてもパンが足りない状態が続きます。1日の売上げは100万円を超え、お店の経営は絶好調。しかし、数をつくらなければいけないというプレッシャーに、竹内さんは追いつめられていきます。体も心もぼろぼろ。いつも何かに追われている緊張で目つきは変わり、家族にもお客さんにもこわがられるほどでした。

やがて、竹内さんはお金をはでにつかうようになりました。あのインタビュー番組で見た社長たちのようなぜいたくな生活をして、夢をかなえたという実感を得ようとしたのです。しかし、高級車に乗っても、一等地のマンションに住んでも、少しも満足を感じられませんでした。

（ぼく、何をやりたいねん……）

竹内さんは、あらためて自分に問い直し、気づきました。

竹内さんは、パンづくりが好きだったのです。つらかったのは、つくりたいパンがつくれないということ。納得できないパンをつくることは、お客さんにうそをついているようで、苦しくてしかたありませんでした。こんなパンづくりなら、する意味がない。お金持ちになんかなれなくていいから、ただ自分のパンをつくりたい、と心から願ったのです。

これが、ぼくのパンだ

誠実に自信をもって「これがぼくだ」と言えるパンをつくりたい。それだけが、竹内さんの夢でした。

そのことに気づいた竹内さんは、人気絶頂の中、大阪の店を閉店しました。

3年後。あわただしい都会からはなれた静かな山の中に、竹内さんは新しいお店、生瀬ヒュッテをオープンしました。つくるパンの量は前のお店の5分の1にへらし、確実にお客さんにパンが届くよう完全予約制にしました。材料費が高くて利益があ

大阪の店を閉め、3年後にオープンした現在のお店「生瀬ヒュッテ」。

まりでなくても、自分が納得する材料をつかってパンをつくります。

「パンだけは負けたくない。いろんなもん、すべて負けてきたから」

そう話す竹内さんの表情は、おだやかです。竹内さんは、自分にまっすぐ向き合って、全力で「ぼくだけのパン」を焼き続けます。自分のすべてをパンに注ぎこんで自分のつくりたいパンをつくる、その幸せを二度と手放さないように。

✳お客さんをよびもどせ！

7月のある月曜日。生瀬ヒュッテに想定外

のできごとがおこりました。

1週間分の予約受付の日であるこの月曜日、予約がうまらなかったのです。店のオープン以来、必ず受付時間内に完売していた予約制のパン。予約の数が目標に届かなかったのは、はじめてのことでした。夏は暑さのために食欲がなくなり、お客さんがへる時期です。しかたないことではありますが、竹内さんは、がっかりしてしゃがみこんでしまいました。奥さんの直美さんが、

「少し足りないだけだから」

となぐさめますが、竹内さんは下を向いたままです。

しかし、落ちこんでばかりはいられません。翌月には売上げを挽回するために、とびきりおいしい新作パンが必要です。気持ちをふるいたたせて、竹内さんは知り合いの紅茶専門店を訪ねました。暑い夏に食べてもらえる商品として、インド式の紅茶、チャイをつかったパンを思いついたからです。

甘いミルクティーにスパイスを加えたチャイ。その茶葉を生地に練りこんで、チャイの味をパンに生かせれば、食欲を刺激する商品ができるのではないかと考えて

チャイを飲む竹内さん。このうまさをパンに生かしたい……。

います。

お店で、オーナーがいれてくれたチャイを飲み、竹内さんは、

「うまいですね」

と、眼鏡の奥の目を細めました。やさしい中にも、きりっと刺激のある味は、やはり夏にぴったり。この味をどうしたらパンに生かせるか、オーナーにいろいろと話を聞きはじめます。

ところが話を聞いてみると、茶葉をパン生地に練りこむ方法では、パンにチャイの味をつけられないことがわかりました。パンをチャイの味にするためには、煮出したチャイを生地に混ぜるしかなく、竹内さんのイメージとはまったくちがうパンになります。新しいチャイのパン

は、出だしから大きな方針変更が必要になりました。

翌日から、チャイの風味を生かしたパンの試作がはじまりました。ふつうに飲むときよりずっと濃いチャイをつくり、パン生地と混ぜあわせます。チャイに欠かせないスパイスと、風味づけのために茶葉も少し加えました。そして最後に甘みとしてホワイトチョコレートを加えます。

しかし、パン生地は、紅茶の成分が強すぎたためか、発酵がうまく進まず、十分につながりませんでした。焼いてみても、やはりおいしくありません。理想にはほど遠い試作品でした。失敗です。

そこでチャイの濃さをうすめに調整し、茶葉を生地に練りこむのをやめて、再挑戦することにしました。すると生地はしっかり発酵し、焼き上がりもよくなりました。見た目はとてもおいしそうなパンです。ナイフで切ってみると、こっくりとした美しい茶色の断面。スパイスのきいたチャイの香りが立ちのぼります。竹内さんと森さんは、うれしい予感に顔を見あわせました。

「問題は味や。どきどきするな」

と言いながら、一口食べた竹内さん、

「むっちゃ、うまい。チョコもパリパリ」

と、うれしい笑顔になりました。できは上々です。チャイのパンを販売できるめどがつき、竹内さんはやっと明るい気持ちになりました。

ところが、そんな気分に水をさすように、またショックなことがおこりました。お店で、パンがたくさん売れのこってしまったのです。

生瀬ヒュッテは完全予約制ですが、わざわざ遠くまで買いに来てくれるお客さんのために、予約の商品以外に、10種類ほどのパンをバラ売りしています。これは、予約制のパンとちがって、ときには売れのこることもありました。しかし、売れのこっても、その数はこれまでほんのわずかだったのです。それが、その日はどっさりのこってしまいました。

お店のケースにたくさんのこされたパンは、どれも竹内さんの自信作です。竹内さんは、悲しそうにため息をつきました。

「せつないなあ……」

こうなると、いよいよ来月の新作をおいしいものに仕上げて、お客さんをよびもどさなければなりません。

新作パンは、チャイのパンだけではありませんでした。チャイのパン以外に、天然酵母の卵パンなど、6種類のパンをだす予定です。それらの新作パンは、それぞれまだ試作段階で、材料も集まりきっていませんでした。竹内さんはもう手いっぱいです。それでも竹内さんは、チャイのパンにさらにくふうを重ねることにしました。

チャイのパンは、すでに販売できるレベルの味にはなっています。でも、竹内さんは、まだ納得していません。自分のパンは、「ふつうにおいしい」のではだめだと考えています。

（わざわざ電話で予約をしてもらって、こんなところまで買いにきてもらうのに、「ふつうにおいしい」じゃだめだ。「最高においしい」パンをつくらなくては）

ぎりぎりまで改良を続ける竹内さんは、新作販売の前日、もう一度、紅茶専門店を訪ねました。

オーナーに、あらためて茶葉のおいしい煮出し方を教わります。少しでもパンを

パンをおいしくするために、販売前日、深夜ぎりぎりまで試行錯誤を続ける。

おいしくするために、どんなに小さなところにも手をぬきたくない。竹内さんは夢中でした。

お店にもどり、くふうをこらしながらチャイを煮出します。真剣な表情で鍋をかきまわしていた竹内さんが、不意に「ふふ」と笑いをもらしました。

（パン屋が、こんなに真剣にチャイをつくってる。おもしろいなあ）

どうしてこんなに一生懸命働くのか？　竹内さんは自分に問いかけてみました。

お金のためではありません。家族のためではありますが、それだけでもありません。それなら、なんのためだろう？

竹内さんは気づきました。

パンは、ぼくのすべて

お客さんは、みんな竹内さんのパンを買いにきてくれます。電話で予約をして、遠いところから、竹内さんのつくるパンを求めてきてくれるのです。パンは、子どもの頃から求め続けた、自分のとりえでした。自分が生きて、ここにいる理由。竹内さんのつくるパンこそが、竹内さん自身なのです。だから、お客さんのためにも、自分のためにも、全力をつくさなければいけないのだと思いました。

（まだおいしくなる。絶対に）

竹内さんは、自分を信じて、全身全霊で取り組みます。

新作パン販売日の、開店7時間前。次々に新作のパンが焼き上がっていました。窯から焼きたてのパンをとりだすごとに、

「すばらしい」

「卵パン、真っ黄色！」

僕のパンは、まだおいしくなる

竹内久典

「ぼくのパンは、まだおいしくなる……。」

「むっちゃ、うまそう」

と、声を上げる竹内さん。新しいパンのできのよさを、自分に言い聞かせているようです。

チャイのパンも焼き上がりました。さっそく切って試食してみます。改良したチャイの味もしっかりしていて、おいしく焼き上がっています。

しかし、竹内さんは気づきました。

（何かがちがう……）

小さなかたまりでのこしたかったホワイトチョコレートが、とけてしまっていました。試作とちがい、販売用のパンは大量に生地をしこむため、ミキサーで練る時間が長くなり、チョコレートがとけてしまったのです。味に問題はないので、予定どおりお店にだしましたが、パリパリしたチョコレートの食感をのこせなかったことを、竹内さんは残念に思いました。

10時の開店と同時に、竹内さんは翌日のしこみをはじめました。チャイのパンのしこみには、ひとくふうを加えます。チョコレートが生地にとけないように、水の代わりに氷を入れ、さらに生地をつくる粉は冷蔵庫で冷やしておきました。これで生地の温度が下がり、チョコレートの食感はのこるはず。竹内さんはそう考えました。

このチャイのパンにかぎらず、竹内さんは、商品を販売しはじめてからもパンを改良していきます。もっとおいしくできると感じたら、ためらわずにつくり方を変えます。

今日より明日、明日より明後日と、どんどんパンをおいしくしていきたいと思うのです。

そうやって、いつか、自分の究極のパンにたどりつくこと。それが、竹内さんの新しい夢です。

もっとおいしくできると思ったら、販売している商品も改良する。

生地の温度を調節して焼き上げた2日目のチャイのパンには、しっかりとチョコレートがのこっていました。

「よかったぁ。昨日のよりもっとおいしいよ。ええのが上がった」

竹内さんの顔に笑みが広がりました。

今日の限界は明日の限界とはかぎらない。

竹内さんは、そう信じています。竹内さんにも、竹内さんのパンにも、完成はありません。あるのは、無限の可能性。竹内さんの中では、まだ形になっていないたくさんのおいしいパンが、とりだされるのをまっています。

新しいどこにもないようなものを生みだし、ぼくだけのパンをつくる。

竹内さんはただそれだけを追い求め、今日もパンをつくり続けています。

プロフェッショナルとは

どこにもない
自分にしかできないものを生みだし続け、
それをさらに日々進化させ続けられる人が
プロフェッショナルだと思います。

第307回2016年10月24日放送

こんなところがプロフェッショナル！

おいしいパンのためなら努力をおしまない、竹内久典さん。こんなところがすごいよ！

おいしさを一途に求める

パン屋さんは、味だけでなく、手間とコストのバランスを考えながら製法を見つけますが、竹内さんは手間やコストは度外視。おいしければなんでもいい！ という考えで、手間をおしみません。「とにかくおいしいパン」をめざします。

つくりたいパンがどんどんでてくる

つくりたいパンのアイデアがどんどんでてくる竹内さん。「もっとおいしいもんをつくれるんじゃないか」といつも思っています。アイデアは無限です。

試作と改良をくり返す

竹内さんの毎日は、試作と改良のくり返し。「もっとおいしくなるんじゃないか……」その思いで、毎月新しい創作メニューをつくり、看板商品の改良にも挑みます。十分おいしいと納得しているパンですが、さらなる高みをめざします。

地道な研究を積み重ねる

竹内さんは、一流の料理人のお店に試作のパンをもって行き、料理との食べあわせの確認をお願いすることもあります。自分だけでなく、ほかの業種の人の力を借りることで、ひとりでは考えつかないようなアイデアが生まれると言います。竹内さんのパンは、こうした地道な研究の積み重ねから生まれています。

プロフェッショナルの格言

唯一無二のパンをつくる、竹内久典さんのことばを心にきざもう。

まだ、おいしくなるんですよ。絶対

「最後は感動してもらえるものができるんちゃうかなって。絶対まだおいしくなるんですよね」と言いきる竹内さん。感動してもらえるまで自分が絶対にがんばるから、自信をもってこう言えるのです。

今日の限界は明日の限界とはかぎらない

竹内さんは自分の限界を決めません。今日できなくても、明日できるかもしれない。そう信じてパンをつくってきました。今日より明日、明日より明後日、竹内さんのパンは日々おいしく進化し続けます。

ふつうに「おいしい」では絶対だめ

「平日昼間に何度も電話をかけてくれ、山の中まで買いにきてくれるお客さんに、ふつうにおいしいパンでは絶対だめ」と言う竹内さん。想像以上のパンを食べてもらうため、どこにもないパンをつくり続けます。

鉄曲げひとすじ、巨船を造る

ぎょう鉄職人

葛原幸一

日本を代表する産業、造船。
世界の船の4分の1は、日本でつくられ輸出されている。
日本の船のすぐれた性能を生むのは、計算しつくされた船の形。
そしてその船の形を構成するのは、複雑な曲線で船をおおう鉄だ。
船体を形づくるがんじょうでかたい鉄を、自由自在に曲げてしまう職人がいる。
職人がつかうのは、火と水だけ。
ガスバーナーとホースを手に、分厚い鉄をしなやかに曲げる。
機械にもできない、むずかしい鉄の加工を可能にするのは、
熟練の勘と、たぐいまれな技術。
誤差2ミリ以内という正確さにこだわる職人。
そのこだわりは、どのように生まれたのか？
また、大型船をおおう鉄には、職人のどんな思いがこもっているのか？

✳船を形づくる技

周囲を海で囲まれた国、日本。この国では、船は昔から大切な乗り物として各地でさかんにつくられてきました。

鉄をつかった大型の船がつくられるようになったのは、江戸時代の終わり頃です。以降造船は、国家の重要な産業として発展し、昭和時代の半ばには、造船量が世界一になるまでに成長しました。

現在も中国・韓国とともに造船大国として知られ、世界の船の約4分の1が日本で製造されています。

日本製の船の特徴は、スピードが速く、燃費がよく、がんじょうでこわれにくいこと。これらの特徴すべてで、世界を圧倒しています。

すぐれた船の秘密は、その形にあります。水の抵抗を小さくおさえる、計算しつくされた流線型の船体。高層ビルのように巨大な船全体が、美しく複雑な曲線で形づくられています。

水の抵抗をおさえるように計算された、しなやかな流線型の船体。

微妙にふくらんだりしなったりする輪郭は、やわらかい魚のようですが、すべてかたい鉄。かたい鉄を曲げて、この流線型を生みだしているのです。

コンピュータで指示し、機械をつかって曲げられる部分もありますが、微妙で複雑な曲げが必要なところは職人の手作業です。

人が、火と水だけをつかって鉄の板を曲げるこの作業を、「ぎょう鉄」といいます。「ぎょう」は漢字で書くと「撓」。「しなう」「たわめる」という意味です。ぎょう鉄は、鉄を手作業でしなやかに曲げる技術です。

このぎょう鉄の仕事で、名人として知られている職人がいます。

葛原幸一さん。

「ものづくり日本大賞」や「現代の名工」といった産業界のすぐれた技術をもつ人におくられる賞を受賞するなど、造船業界だけにとどまらず、日本の産業界を代表する技をもつ職人です。

葛原さんの仕事場は、１３００人以上の人が働く香川県の大きな造船所。注文が絶えず大いそがしで、ぎょう鉄班にも次々と仕事がまいこんできます。

この造船所でぎょう鉄を担当する職人は６人。中でも葛原さんは最年長です。定年をすぎている葛原さんですが、その高い技術を必要とする会社のたっての願いで、現場で仕事を続けているのです。半世紀も働き続けている体には、若い人に負けない力と緊張感がみなぎっています。

ぎょう鉄職人が加工する鉄板は、船全体をおおう鉄を数百枚に小分けにした断片です。これらの鉄板は１枚１枚形や厚さがちがい、曲げ方も異なります。職人たちは、設計図をもとに実寸大につくられた木型を手がかりに、厚さ数センチの鉄の板

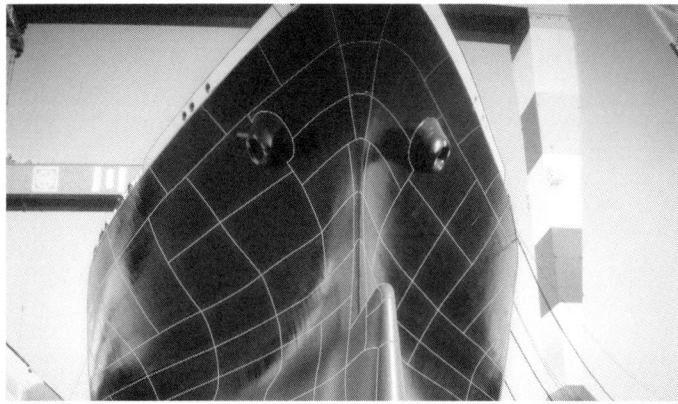

船体をおおっている鉄は、1枚1枚形のちがう鉄板の断片をつなぎあわせてできている。

を、注文どおりの形になるように曲げていきます。そうして仕上げられた鉄板が、パズルのように組み合わされて、船全体をおおうのです。

ぎょう鉄の仕事は、まず、鉄に火を入れるための目安となる線をひくことからはじまります。

この作業は、仕事の基本であると同時に、いちばんむずかしいところでもあります。どこにどのように線をひき、どのくらい焼くかの見きわめが、仕上がりに直結するからです。

目安の線をひき終わると、鉄を曲げる作業に入ります。つかうのはガスバーナーと水。

ガスバーナーの炎を、目安としてひいた線の上に当てて鉄の表面を焼き、そこに水を流します。

鉄には熱を加えるとふくらむ性質があるため、炎を当てられて高温になった部分はふくらもうとします。一方、炎が当たっていない温度が低い部分の鉄からは、ふくらむ部分をおし返そうとする力が働きます。

そのため、熱していた部分を急に水で冷やすと、ふくらもうとしていた力が止まり、ふくらむ力をおし返そうとする力だけがのこって、鉄が縮み、曲がるのです。

こうした鉄の性質と力を利用し、焼いて冷やすという作業をなんどもくり返して、鉄を曲げていくのです。

葛原さんにむずかしい仕事がまわってきました。「バルバスバウ」とよばれる、船の先端につきだした下あごのような部分の加工です。

バルバスバウは、水中で真っ先に水にあたって船への水の抵抗を小さくする、とても重要な部分。葛原さんは、そのバルバスバウの中でももっとも曲がりの深い、

■ ぎょう鉄の作業とは

ガスバーナーと水とをつかってかたい鉄を曲げるぎょう鉄は、鉄の性質を利用しておこなわれる。

1 曲げたい部分をガスバーナーの炎で熱する。

2 高温になった部分にふくらもうとする力が働く。

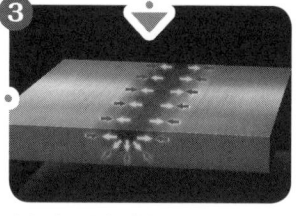

3 まわりの温度が低い部分には、ふくらむ部分をおし返す力が働く。

4 高温部分を水で急速に冷やすと、ふくらもうとする力が止まる。

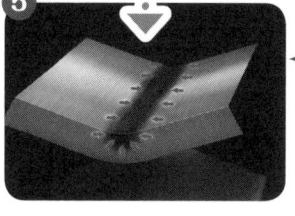

5 おし返す力だけがのこり、鉄が縮んで曲がる。

葛原さんが担当する、船首バルバスバウの中でもいちばん曲がりの深い部分。

むずかしい1枚に取り組むことになりました。

船は、車のように同じ規格で大量生産されるものではありません。注文に応じて1隻1隻つくられるオーダーメイドです。パーツも、その船のためだけにひとつずつつくられ、同じものをくり返しつくるということがありません。だから、葛原さんのようなぎょう鉄のベテランにとっても、仕事はつねに手探りで進めていく新しい挑戦となります。

さらに、この作業で気をつけなくてはならないことがあります。鉄を焼きすぎないことです。鉄は焼きすぎるともろくなるので、がんじょうな船ができません。たとえむずかしい加工でも、なんども焼き直せないのです。

いかに焼く回数をおさえて、鉄の強さを保ちながら思うように曲げていくかが、ぎょう鉄職人の腕の見せどころなのです。

葛原さんが鉄を焼きはじめました。

1時間ほどで、鉄は3ミリほど曲がりました。

ぱっと見ただけではわからないほど小さな変化ですが、葛原さんの思いどおりの変化です。

葛原さんは、鉄の変化を読みきって焼き方を決定し、最小限の焼きで鉄を思いどおりに曲げることができます。その仕上がりの正確さは、木型との誤差2ミリ以内という驚異的なもの。

葛原さんのこうした鉄の変化の正確な予測や、鉄の状態に対する細やかな感覚は、何にもとづいているのでしょうか。

「鉄板の厚さの半分ちょっと、3分の2くらいまで火をとおしている感じかな。自分の感覚で、これぐらいでええな、と思ったら止める」

照れ屋の葛原さんは多くを語らず、
「だいたい勘」
と言って笑いました。

数日後、バルバスバウの重要な1枚の焼きの作業を進めていた葛原さんは、大きな問題に気づきました。
（縮みすぎている……）
木型を当ててみると、鉄板の曲がりはまだ不十分。続けて焼いて曲げていかなければなりません。
でも、このまま曲げていくと、鉄が縮みすぎて、仕上がりの横幅が2センチほど小さくなってしまいそうなのです。
葛原さんの連絡に、設計担当者が飛んできました。途中まで曲げた鉄板を見せながら、事情を説明する葛原さん。調べてみると、縮みの幅も考慮して余裕をもたせて切りだされるはずの鉄板が、小さめに切られていたことがわかりました。

「はぁ、こまったなあ」
設計担当者といっしょに、鉄板を前にした葛原さんは考えこみます。
かんたんなのは、新しく鉄板を切りだしてもらって、はじめからつくり直すことです。しかし、それをしてしまうと、納期に間に合わなくなってしまいます。
大きな船をつくる仕事は、１０００人以上の人が2年がかりでおこなう大事業です。
ぎょう鉄は、その大きな一連の仕事のはじめにある工程。さまざまな仕事を担当するたくさんの人たちが、葛原さんたちが鉄板を仕上げるのをまっています。
ぎょう鉄の納期が遅れると、あとの仕事にかかわる大勢の人たちに影響がおよぶのです。
「とりあえず、このままこれを曲げてみようか」
葛原さんが思いきってそう言うと、設計担当者はほっとしたような表情で、
「お願いします」
と、頭を下げました。

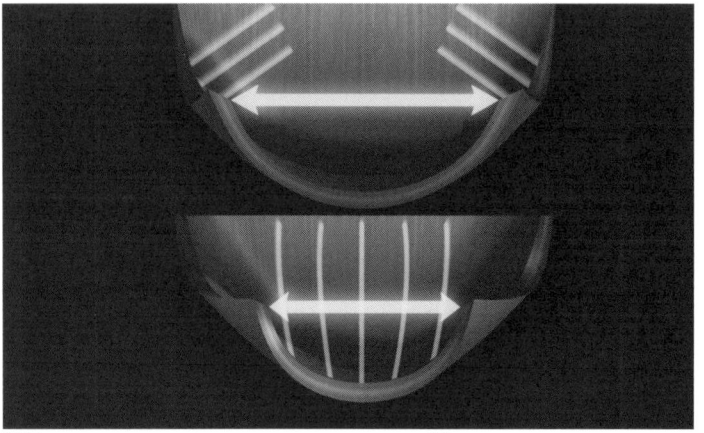

垂直（下）ではなく、ななめ（上）に焼いて横の縮みを小さくしようと考えた。

葛原さんは定規を持ちだしました。

そして、鉄板の中央にひいてあった垂直の線とはまったくちがうななめの線を、鉄板のすみに引きはじめます。

垂直に焼くと、鉄はどんどん内側に向かって縮んで曲がっていき、横幅は短くなります。

しかし、すみをななめに焼けば、鉄板のはしをもち上げるように強く曲げつつ、横方向の縮みを小さくおさえられると葛原さんは考えたのです。

ベテランの葛原さんでもほとんど試みたことのない方法。

葛原さんは長年の経験から、この方法が

もっとも効果的だと判断しました。
どんなにむずかしい仕事でも絶対にあきらめない。
葛原さんには職人としての意地があるのです。

悩みぬき、考えぬく

ぎょう鉄の仕事には、お手本も教科書もありません。
目の前の鉄板を注文どおりに曲げるための正解は、自分で見つけるしかないのです。まったく同じ鉄板はなく、いつでも新しいくふうを求められるむずかしい仕事。
でも、かんたんにはいかないからこそ、50年やっていてもおもしろいのだと、葛原さんは思います。
葛原さんは、慎重に選んでひいたななめの線を焼きはじめました。
しばらく焼いたあと、木型を当ててみます。
しかし、木型と鉄板のそりは合いません。
（うーん、おかしいなあ）

木型を当てて確認すると、曲線の誤差は２ミリ以下。心配された横幅も足りた。

チョークで印をつけ、修正の方法を考えまた焼き直します。そして再び木型を当てます。

「乗らん……。おうてない。なかなか手ごわい」

はじめはそう言って笑っていた葛原さんの顔つきが、次第に変わってきました。

どんどん集中していきます。

そして、悩みぬいて新しい線をひき、焼いてみては考えぬき、ということが、延々とくり返されました。

ようやく葛原さんの手が止まったのは、焼きの作業を開始してから50時間が経過した日のことでした。

完成させた鉄板に木型を当ててみると、曲がり具合はぴったり。曲線の誤差は2ミリもありません。心配された横幅もぎりぎり足りています。

葛原さんは、思いがけない事態を無事に切りぬけ、納期までに鉄板を仕上げることができました。

大型船のかなめを構成する1枚の鉄板は、ぎょう鉄職人葛原さんの、50年の経験と意地の結晶。そのだれにもまねできない技が、日本の船の品質を根底でささえているのです。

✳尊い仕事

葛原さんは、両親と6人兄弟の大家族で育ちました。生活は苦しく、子どもの頃から早く両親に楽をさせてあげたいと思っていた葛原さん。中学校を卒業すると、15歳で地元の香川県をはなれ、大阪で就職しました。

大阪で5年ほど働いた20歳の頃、地元に造船所ができました。葛原さんはそこで仕事をすることになり、香川にもどります。そして配属されたのが、ぎょう鉄の現場でした。

新しい会社に入って、また一生懸命働きはじめた葛原さんでしたが、間もなく、中学を卒業して働きはじめた自分と、高校や大学を卒業して入社してきた同期の人たちとでは、働いてもらえるお金（給料）などの待遇や、昇進のしかたがまったくちがうということに気づきました。

葛原さんは割りきれない気持ちになり、同時に負けん気をおこしました。

（学歴ではかなわなくても、仕事では負けたくない！）

この気持ちがバネになり、葛原さんはだれよりも仕事に打ちこむようになりました。もともと手先が器用だった葛原さん、どんどんむずかしい技術を身につけ、若手の有望職人として会社の期待を集めるようになります。

その頃の日本は、急激な経済成長のまっただなか。大型船の注文は絶えることがなく、ぎょう鉄の現場にも次々に仕事がまいこみます。若い葛原さんは、時間をわすれて仕事に没頭しました。

30歳で結婚。子どもが生まれ、家を買い、職人としての実力も十分ついて、仕事がおもしろくなった頃、大きなできごとがおこりました。

オイルショックです。

中東の原産地で石油の生産が止まり、世界的に石油が不足、それによって経済や生活に大きな混乱がおきました。

経済の混乱や石油の生産がへったことで、世界の船の荷動きが大幅に少なくなり、造船の発注は激減したのです。閉鎖に追いこまれる造船所があいつぎました。

葛原さんの会社も、５０００人いた従業

オイルショックで大型船の需要は激減し、多くの造船所が閉鎖した。

員を半分にするというきびしい決断をします。葛原さんの同期たちは、どんどんやめていきました。

葛原さんは会社にのこりましたが、ぎょう鉄の仕事がないため、電車の組み立ての現場に配属されます。

組み立ての仕事の経験のまったくない葛原さんは、機械のスタートボタンをおすような単純作業しかまかせてもらえませんでした。そして、その現場さえ長くは働けず、次々にいろいろな現場へ回され、単純作業を担当する毎日が続きました。

ぎょう鉄の職人として腕をみがいてきた葛原さんには、とても満足のいく仕事ではありませんでしたが、家族を養うために、働くしかありません。

無念さをおしころして仕事をしていたある日、同僚からこんなことを言われてしまいました。

「ようけ金もらってるのに、仕事できへんやないか」

葛原さんの胸に、いかりがこみ上げました。

仕事ができないわけじゃない。できる仕事がなくなってしまったんだ。かけがえのない仕事がなくなってしまったんだ！

たえがたいくやしさの中で、葛原さんは気づきました。

葛原さんにとってぎょう鉄の仕事は、とても大切な尊いものだったのです。

自分で考え、くふうし、こたえをだしながら身につけていく。そんな仕事が楽しく、そして自分自身にとってとても有意義だったということが、身にしみてわかりました。

葛原さんは心に決めます。

（いつか必ずぎょう鉄の仕事にもどる。その日まであきらめずに辛抱しよう）

それから1年ほどすると、じょじょに会社に船の注文が入るようになり、葛原さんはぎょう鉄の現場によびもどされました。念願のぎょう鉄の仕事にもどれることになったとき、葛原さんは、

（これからは覚悟をもって仕事をしよう。いままで以上にこの仕事をつきつめていかなければならない……）

そう考えました。

そして、自分にひとつのルールをつくります。

誤差2ミリの誓い

ぎょう鉄の仕事では、設計図と仕上がりの誤差が5ミリ以内であれば、精度は十分だといわれています。しかし、葛原さんはあえて、誤差2ミリ以内というきびしい基準を自分に設けたのです。

葛原さんはそのルールにしたがって、どんなにむずかしい設計でもくふうを重ね、注文どおりの正確な加工を追究しました。

そうして身につけた知恵と技術によって、ほかでは実現できないような設計の船も受注できるようになりました。

夢中でぎょう鉄に打ちこむうちに、半世紀近くの歳月がすぎました。そのあいだに、葛原さんが世界に送りだした船の数は300隻以上。

ほかの国ではまねできない複雑な設計の船も、葛原さんのアイデアで次々と実現させていきました。当時、造船の本場であったイギリスで、キングとよばれるほどの名人になります。

日本国内では、50代で「現代の名工」を、60代で「ものづくり日本大賞」を受賞しました。名職人にあたえられる賞をそれぞれ受賞し、日本の産業界を代表する職人とみとめられます。

それでも葛原さんの歩みは止まりません。

70歳になっても現役をつらぬき、若い職人たちと並んでさらに腕を上げようと努力を続けています。

そんな葛原さんの仕事を日々見ている職人たちは、

「何かわからんときには、葛原さんに聞いたら的確なこたえをだしてくれる。生きとるあいだはきてもらわんと」

と話します。

造船大国日本の基礎を築いてきた葛原さんの道は、終わることがないのです。

✳名人、むずかしい板に挑む

葛原さんたちぎょう鉄班が進めていたある船の仕事に、大きな変更の指示が入りました。当初の予定よりも急ぎで仕上げて欲しいという内容です。

配られたスケジュール表を見た葛原さん、思わず、

「ややこしいのばっかりや」

と声をあげます。

工事予定がくり上げられたのは、むずかしい部分の仕事ばかりでした。葛原さんが担当することになったのは、その中でももっともむずかしい1枚。船を旋回させるときに回すプロペラを包みこむ部分の板です。水の抵抗をおさえる重要な役割をもつ部分で、板の構造はとても複雑です。

まず、横の方向は下向きに反らせ、そこに縦の方向の上向きの反りを加え、さらにそれをななめにねじるというもの。折り紙でたとえると、横は山折りに、縦は谷折りにして、ななめにねじるというような具合です。

葛原さんが担当する部分の木型。この木型にあわせた複雑な曲げが求められる。

1枚の鉄板上でこれを実現することは、なみたいていのことではありません。

こうした複雑な構造の鉄板は、通常、何枚かに小さく分けて加工し、最後につなぎあわせます。しかし、今回は経費や加工時間を節約するために、1枚の板でやって欲しい、という注文がきたのでした。

「ややこしい」と言いながら、葛原さんの心の中には、新しい仕事への挑戦にわくわくするような気持ちもあります。

（やっつけてやる）

納期のせまる中、ベテラン職人の挑戦がはじまりました。

葛原さんは、プロペラを包む板の焼きの作業に入りました。5日ほどで下向きの曲げがほとんど仕上がり、こんどは上向きの曲げ作業をはじめます。

しかし、上向きの曲げの作業にかかってから2日で、問題がおきました。

上向きに曲げたところ、その曲げにひっぱられて、先に作業した下向きの曲げがもとにもどってしまったのです。

ある程度のもどりがあることは予測していた葛原さんでしたが、板が大きいため、思った以上にもどりが強くなってしまっていました。

下向きの曲がりと上向きの曲がり。その両方がおたがいをひっぱるときのもどりを計算して、どう曲げていくか。

ベテランの葛原さんにも、その加減がつかみきれません。

この2種類の曲げを同時におこなう加工は、想像以上にむずかしいものだということがわかってきました。

焼きをはじめてから9日目。葛原さんの表情がくもりました。

（ほとんど動いてないぞ……）

鉄の弱点である現象がおきていました。鉄が曲がらなくなってきたのです。

鉄はある程度まで焼いてしまうと、かたくなりだんだん曲がらなくなります。今回の加工では、下向き、上向きの両方の曲げをかけるために、鉄板の表と裏の両面を焼いているので、その進行が速いのです。

そこにさらに難問が加わりました。

船づくり全体の工事予定が遅れてしまっているために、また予定を早めなければならなくなったのです。ぎょう鉄班も、1日でも納期を早めて欲しいという要望を受けていました。

職人は、みんな手いっぱいの仕事を必死でこなしています。こういうときにあてにされるのが、名人の葛原さんです。

（葛原さんだったら、4日かかるところを3日で仕上げてくれるだろう）

しかし葛原さんは、プロペラを包む板の曲げの解決策が見つからず、苦しんでいました。周囲からの期待と、作業がうまくいかないあせりが、大きな重圧になって

ジャッキの力を借りて、なんとか曲げようと試みる葛原さん。

葛原さんにのしかかります。

葛原さんは、ついに奥の手をつかうことにしました。

ジャッキという重い物をもち上げる機械です。ジャッキで鉄板を物理的にひっぱって、鉄の曲がる力を助けながら焼いていくのです。

さっそくジャッキをつかって鉄を曲げようとする葛原さん。しかしそれでも鉄は、なかなか思いどおりに曲がりません。

（まだまだや）

葛原さんは、夜遅くまで現場にのこるようになりました。そして、夜遅く家に帰っても、なかなか寝つくことができません。

頭の中に、あの板をどう曲げようかという考えがぐるぐる回って眠れないのです。

（何かいい手がないか）

そのことが葛原さんの頭をはなれなくなっていました。

焼きの作業がはじまって2週間。鉄板はさらにかたくなり、もうほとんど曲がらなくなっていました。完全に行きづまりです。経験豊かなベテランの葛原さんにとっても、これほど解決策が見つからないのははじめての経験でした。

職人たちが集まる休憩所で、

「こまったな、あれは。もう縮まんようになってきた」

と、めずらしく弱音をはく葛原さんを、同僚の職人たちが、

「体調悪いんちゃう？」

と気づかいます。葛原さんは元気なくうつむきました。

持ち場にもどってから、曲がらなくなった鉄板に手をふれ、葛原さんは考えこみました。

できると判断して引き受けたこの板の仕事。できればこのまま何日でも焼き続けて、納得のできる結果をだしたいと思っています。

これまで、焼きはじめた板を途中でやめたことは一度もありません。それは職人としての誇りです。しかし、納期までに完成させなければ、この後の作業をする人たちに迷惑がかかり、船の製造に大きな打撃をあたえてしまいます。

（このまま焼き進めて納期までに注文どおりの形に仕上げられるか。それとも、一からやり直すしかないのか……）

葛原さんはしばらくじっと考えていましたが、意を決したように、ぎょう鉄班の班長をよびに行きました。

心配そうな表情でやってきた班長に、葛原さんは作業途中の鉄板を見せ、この板はこれ以上曲げられないと説明します。思いもよらない葛原さんのギブアップに、班長はとまどったようすを見せました。

その班長に、さらに葛原さんは、

「これ、割るしかないやろうと思う」

鉄曲げひとすじ、巨船を造る

葛原幸一

「納期に間に合わせるための最善策は……」

と言います。
大胆な提案でした。
新しい鉄板で一からやり直すのではなく、加工しかけている板を切断して、曲がらなくなった部分だけを、新しい板でつくり直すというのです。
「割ったら、いけるん？」
慎重に確認する班長に、葛原さんはうなずきます。
「ふたつに切って、片方はつかって、もう片方は交換する」
納期に間に合わせ、そして正確に仕上げるためには、こうするしかない。それが、何日も考えぬいた葛原さんのこたえでした。
その迷いのない表情を見て班長は、
「葛原さんの判断にまかせます」
と了解します。
設計の部署に交渉して、鉄板を二分割して曲げの加工を進めることになりました。
さっそく葛原さんの作業がはじまりました。

つかえる部分を見きわめ、鉄板を切断します。そして、まっさらな気持ちで目の前の鉄板と向き合い、神経をとぎすまして炎を当てていきます。

職人の意地

焼きはじめた板を、一部とはいえ途中であきらめたのは、職人としてくやしいことでした。しかし、納期までに注文どおりの板を仕上げることもまた、職人の意地です。

大きな決断をした葛原さんは、もう後ろをふりかえりません。これまでの職人人生でもっともむずかしい板を、誤差2ミリ以内の正確さで納期までに仕上げることに全力をかたむけます。

そして、ついにプロペラを包む板の加工が完了しました。誤差はみごとに2ミリ以内。葛原さんはすっきりとした表情を見せ、格闘してきた鉄板を見下ろしながら話しました。

「まあまあじゃないですか。ふたつに割らせてもらったけど、これが正解やと思います。ぎょう鉄には、これでいいという絶対のこたえがないから、仕事しよるあいだはずっと勉強ですわ」

名人とよばれる葛原さんは、大きな仕事を終え、なお「勉強」を口にするのでした。

数日後、葛原さんが仕上げたあの板が組み立てられました。

板は所定の位置にぴたりとおさまり、苦心した下向きの曲がりと上向きの曲がりは、美しい曲線をえがいています。

「いつもどおり、いい仕事ですわ」

組み立ての担当者が、気持ちよさそうに眺めるその1枚の板には、葛原さんが自分に課したぎょう鉄の仕事への高い意識と、ゆるぎのない責任感がこもっているのです。

葛原さんの手から生まれたたくさんの美しい流線型の船が、今日も世界の海を行き来しています。

プロフェッショナルとは

精度へのこだわり、
自分流のこだわりをもって、
よい製品を送りだす。そして、
さらに上をめざして、日々進歩あるのみ。

第261回2015年4月20日放送

こんなところがプロフェッショナル！

超人的な技術で鉄を曲げるぎょう鉄職人、葛原幸一さん。こんなところがすごいよ。

いっさいの妥協をゆるさない

大型船は、1000人もの人が2年近くかけてつくり上げます。そのかなめとなるのがぎょう鉄の作業。葛原さんが、木型とのずれを自らきびしく設定し、いっさいの妥協をゆるさないのは、船づくりの「礎」をになっているという誇りがあるからです。

世界中の造船所で技術指導をする

造船の本場であったイギリスで「キング」とよばれたすご腕職人の葛原さん。その技術を学びたいと、世界中の造船所から技術指導にまねかれます。

むずかしい形状でもくふうして挑む

どんなに複雑でむずかしい形状でも、葛原さんはあきらめません。どうすればこの形状をつくれるのか、考えて考えてくふうを重ね、理想の形に挑み続けます。

どこにどう線をひくか見きわめる

ぎょう鉄職人は、木型どおりに複雑に鉄を曲げるために、どこにどう線をひくか見きわめ、どのくらい焼くかを自分自身で考えます。そして、見た目にはほとんどわからないくらいの繊細な曲げをくり返し、完成形に近づけるのです。葛原さんは、その見きわめのするどさが飛びぬけているのです。

プロフェッショナルの格言

ぎょう鉄職人、葛原幸一さんのことばを心にきざもう。

正解は自分で考えて見つけだす

〝これはこうしなきゃいけない〟という正解がないぎょう鉄の仕事。「正解は自分で考えて見つけだすもの。それは50年やってもなれないしむずかしい。でも、だからこそおもしろい」葛原さんはそう語ります。

新しいもんきたら、ワクワクする

葛原さんのところには、ぎょう鉄の中でもむずかしい仕事がきます。でも葛原さんは、「むずかしい仕事がでてきたら、やっつけてやるという気になる。新しいもんきたら、ワクワクするかなあ」と言います。

曲がりのとこはいちばんだいじやと思う

ぎょう鉄は船づくりのスタートライン。「最初が悪かったら、絶対に最終的にきれいな形にはならんわな。曲がりのとこはいちばんだいじやと思う」葛原さんは、自分の仕事に誇りと責任をもっているのです。

時計に命、意地の指先

時計職人

松浦敬一

電池をつかわずに、ゼンマイの力で動く機械式時計。
現代社会では、なつかしさを感じさせるような時計だが、
実は、1ミリにも満たないたくさんの部品が緻密に組み合わされて動く、
繊細な精密機械だ。
瀬戸内海の小さな島に、この時計の修理で知られるすご腕の職人がいる。
職人のもとには、全国からこわれた時計が次々に届く。
思い出や歴史のつまった時計。修理を依頼する人の思いはさまざまだ。
多くの時計にはかえの部品もなく、失敗はゆるされない。
ルーペの向こうのミクロの世界で、職人の勝負がはじまる。
職人の指先は、どのようにして時計に再び命を吹きこむのか?
持ち主の思いに、どうこたえるのか?
さまざまな「時」と向かい合う職人の、仕事の時間。

✳ミクロの世界の職人

広島県瀬戸内海のおだやかな波の中に浮かぶ、大崎下島。江戸時代の街並みがのこる美しい島です。

この島の古い建物がつらなる小さな通りに、新光時計店という老舗の時計店があります。

創業１００年を超える歴史あるお店には、古いふりこ時計などがおかれ、こうしためずらしい時計をのぞきにくる観光客も少なくありません。しかし、ここは古いだけの時計店ではありません。時計の修理で全国的に名を知られる、時計職人のお店でもあるのです。

職人の名は、松浦敬一さん。新光時計店４代目の店主です。

松浦さんの１日は、お店の掃除からはじまります。店先をほうきではき清め、窓や窓わくもていねいにふきます。作業場の掃除機がけはとくに念入り。

南向きの大きなガラス窓から自然光がさしこむ松浦さんの作業台。

この掃除は、きれい好きなだけの掃除ではありません。時計は細かい部品からできた精密機械。細かいほこりやちりにも影響を受けます。だから松浦さんは、仕事場をいつでも清潔に保つよう、神経をつかっているのです。

午前9時。
松浦さんの仕事がはじまります。
仕事をするときの定位置は、通りに面した南向きの大きな窓ガラスの前の作業台。とても小さな部品をあつかうこの仕事には、自然光がいちばんよいのだと松浦さんは言います。

作業台の横の壁には、修理を依頼されたたくさんの時計がかけられています。その中から松浦さんは、20年前につくられたスイス製の腕時計をとり上げ、修理をはじめました。5年前から時間が遅れはじめ、ほかの時計店では「できない」と修理を断られ続けたという古い時計です。

この時計は、電池をつかわずに動く「機械式」という種類。

機械式時計は、時計の内部にあるうず巻き状に巻かれたゼンマイをきつく巻き、ゼンマイがほどけてもとにもどるバネの力を動力として針を動かします。

そしてこの時計は、機械式の中でも、時計をつけた腕をふることでゼンマイが自動的に巻かれて動く「自動巻」というしくみの時計でした。

小さな時計の内側には、１００個以上の部品が複雑に組み合わされています。部品の大きさはさまざまですが、小さいものは1ミリ以下。ゴマの粒よりさらに小さく、肉眼ではその形がはっきりと確認できないほど小さいものもあります。こうした部品の中にひとつでも異常がでれば、時計は正しく動かなくなってしまうのです。

松浦さんは、右目に「キズミ」という筒状のルーペをはさみこみ、ピンセットを

右目にキズミをはさみ、小さな部品の不具合を見つけだす。

にぎりました。そして、部品を慎重にひとつずつ外しながら、機械式時計の故障の原因を探しはじめます。

間もなく松浦さんは、部品の動きを次の部品に伝える歯車の動きが、にぶいことに気づきました。よく見ると、歯車には古い油がかたまってこびりついています。松浦さんは、その油が抵抗となって、正常な動きをさまたげているのだと判断しました。

歯車と、そこに連結している部品をばらばらにして洗浄液にひたします。そして小さなハケをつかって、こびりついたよごれをていねいに落としていきます。

部品がきれいになると、こんどはもとどお

りに組み立て直しです。

依頼される修理品は一つひとつ構造が異なり、設計図などもありません。松浦さんは、修理のために分解をするとき、その時計のしくみや構造をすべて記憶します。そして、その記憶をたよりにもとどおりに組み直していくのです。

組み立て直した部品を文字盤の裏にはめこみます。

松浦さんが時計を静かに作業台の上におくと、時計の針は正確に時をきざみはじめました。

「よっしゃ」

松浦さん、納得の一声で、この時計の修理を完了させました。

＊＊＊

さらにむずかしい修理もあります。

ある日松浦さんは、機械式時計の修理をはじめました。

機械式時計は、ゼンマイだけでは巻かれた分が一気にもとにもどってしまい、す

時計に命、意地の指先

松浦敬一

ぐに動きが止まってしまいます。長時間、1秒ずつ正確に時計を動かすためには、もとにもどろうとするゼンマイを途中で止めて、一定のリズムで針を進ませるためのしくみが必要です。その中の重要な部品がヒゲゼンマイという小さなバネです。

うすい金属が蚊とり線香のような形にうずを巻いていて、直径はわずか5ミリ。このヒゲゼンマイが、正確に同じリズムでのび縮みして、連結しているふりこ部分を左右均等に動かし続けます。この反復運動が、動力であるゼンマイがいっぺんに巻きもどってしまわないように、時計の動きをコントロールしているのです。ヒゲゼンマイは、時計を正確に動かす心臓部といえます。

松浦さんが修理を依頼された時計は、このヒゲゼンマイに小さな不具合がありました。うずの形が微妙にゆがみ、中心がわずかに上にずれてしまっています。そのために、正確な1秒をきざむことができなくなっていたのです。

1秒に対して、500分の1秒ずれたとします。わずかなずれです。しかし、毎秒500分の1秒ずつずれていくと、1日で約3分のずれが生まれることになります。時計は、ほんのわずかなずれもゆるされない機械なのです。

直径５ミリのヒゲゼンマイ。左が正常なヒゲゼンマイで、右はうずがゆがんで中心がずれているヒゲゼンマイ。微妙なゆがみでも、正確な時をきざめない。

松浦さんは、ヒゲゼンマイのゆがみの調整をはじめました。

うす細い金属でできたヒゲゼンマイをピンセットでつかみ、直径５ミリの円の形を慎重にととのえていきます。

古い時計のため、かえの部品は手に入りません。

もし、修理中に部品を傷つけたりこわしたりしたら、この時計は二度と動かなくなってしまいます。

背中を丸めて作業台に顔を近づけ、息を止めるように指先に神経を集中させる松浦さん。こんな作業をしているときは、周囲で人が動く気配さえさまたげになります。

きびしい表情の松浦さんの作業場には、だれも近づかず、何の音もしません。絵の中のように何も動かない作業場。松浦さんのルーペの中で、ピンセットの先だけがわずかに動きます。

ヒゲゼンマイの修理のような神経をすりへらす仕事を、たいていの職人はいやがります。しかし松浦さんは、おそれずに、こうしたむずかしい仕事を引き受けます。

しんどい道を行く

むずかしい仕事はつかれます。しかし、つかれることから逃げていたら、直る可能性のある時計も直すことができません。

松浦さんは、直して欲しいと望む人がいるなら、どんな時計でも直したいと思っています。そのためには、苦労して大変な作業をするしかないと覚悟しているのです。直したいという気持ちからけっして逃げません。

ヒゲゼンマイの形がきれいにととのい、中心の位置が正されて、正確で均等な動きがよみがえりました。

部品をもとどおりに組み合わせ直していき、最後に文字盤と合体させます。
スムーズに秒針が回りはじめ、腕時計がみごとに息を吹き返しました。緊張から解放された松浦さんも、いつものおだやかで気さくな笑顔にもどって言います。
「やっぱり、時計が元気になったいうのはほんまに気持ちがええですよ。これがあるけん、続けられるんよね」
時計を動かす職人松浦さんは、同時に時計に動かされているのかもしれません。

＊＊＊

時計の修理にとりかかる前に、松浦さんが欠かさない大切な仕事があります。
それは、時計にそえられてくる、依頼主からの手紙をていねいに読むこと。
その時計をつかっているのはどんな人か、だれかからもらった物なのか、何かの記念なのか、いつ頃からつかっているのか。そんな時計と依頼主との物語を、くわしく知ろうとします。
手紙の内容は、技術的な面で言えば、時計の修理に必要な情報ではありません。

修理の前に時計にそえられていた手紙を読む松浦さん。

しかし松浦さんは、依頼主のその時計に対する思いを知りたいと思うのです。

思いを力にする

依頼主は、時計に対して一人ひとりそれぞれにちがう思いをもっています。時計といっしょにそうした思いも預かっているのだという意識が、松浦さんをふるいたたせます。依頼主の時計への思いが手紙を読んでもわからないときは、直接電話で問いあわせます。

依頼主の気持ちに寄りそったとき、松浦さんにとっても、その時計はかけがえのない物になるのです。

そして、「なんとかして直そう」「もとどおりに動かして返そう」という意欲がみなぎるのです。

✳意地っぱりの時計屋

松浦さんが大崎下島の新光時計店に生まれたのは、太平洋戦争中の昭和19年のことでした。

生まれつき手先が器用で、とびきりの負けずぎらい。そんな松浦さんに、時計職人としての才能があることを見ぬいたのは、おじいさんの哲次さんです。新光時計店2代目店主だった哲次さんは、県外からも弟子入りの希望者がやってくるほどの腕ききの時計職人でした。

哲次さんは、小学生の松浦さんを弟子たちの中にまぜて、時計の組み立てや修理を教えはじめました。すると松浦さんは、みるみる仕事をおぼえ、中学生のときには弟子の中でいちばんの腕前になってしまいました。時計の仕事に夢中になった松浦さん、将来は店を継いで、自分の腕を生かそうと夢をふくらませます。

腕ききの時計職人だった、新光時計店２代目の松浦哲次さん。

しかし、高校を卒業する頃、その夢に影がさしはじめました。

昭和30年代、広島で自動車産業が急速に発展。景気のよい広島へ移るため、島の住民は次々に島をでて行き、島はどんどんさびしくなっていったのです。

人のへり続ける島にのこれば、時計店の売上げもへり、いずれ生活がなりたたなくなる。そう考えた松浦さんは、島をでて働いたほうがよいのだろうかと迷いはじめました。

そんなとき、哲次さんがガンでたおれてしまいます。お見まいに行った松浦さんに、哲次さんは言いました。

「おれはもう先がないから、店をたのむ」

そして、それが哲次さんとの別れになってしまいました。

松浦さんの胸に、哲次さんの最期の言葉が深くきざみこまれました。哲次さんの願いを無視することは、とてもできません。松浦さんは迷いを捨て、島にのこってお店を継ぐことを決意しました。

しかし、時代の変化は松浦さんの想像を超えて速く、劇的なものでした。

昭和50年代に入ると、価格の安い電池式の時計が普及しはじめます。時計は、高い修理代をはらってまでつかい続けるものではなく、つかい捨てるものになっていったのです。

松浦さんは、島内だけでなく、瀬戸内海の島も回って修理の注文を集めましたが、収入は年々へっていきました。生活費を切りつめるため、家の中の電化製品などはなんでも直してつかい、食べ物も自分の畑でつくりました。

生活の苦しさもつらいものでしたが、それ以上に松浦さんの心を暗くしていたのは、自分の時計職人としての腕が、もう必要とされていないという現実でした。すぐれた技術があるのに、それを提供できる相手がいないということが、つらくてたまりませんでした。

いらだつ松浦さんは気むずかしくなります。

そんな松浦さんを、家族はそっと見守りささえていました。時代の波にのみこまれそうになりながら、松浦さんがけっしてあきらめず、必死で仕事を守ろうとしているのがわかっていたからです。

きびしい暮らしが20年続きました。松浦さんは苦しみながらも、時計の仕事を投げだしませんでした。

松浦さんが50歳になった年、ある雑誌で、大崎下島の風情ある街並みが特集されました。その中で、松浦さんの仕事もとり上げられて記事になります。するとその後、全国各地から、ぽつりぽつりと、修理の依頼がくるようになりました。

送られてくるのは、ほかの時計店が断った、むずかしい修理の必要な時計ばかりです。松浦さんは、そんなむずかしい仕事をていねいに、こつこつとこなしていきました。そうした仕事のうわさが次第に広まり、さらに修理の依頼が増えていきました。

そして10年ほどがすぎた頃、ひとりのお客さんから修理のお礼の手紙が届きました。なにげなく読みはじめた松浦さんは、その手紙に書かれていたことばに胸を打たれました。

〈失われていた25年間をとりもどしたような思いです。わたしの心の時間の修復をしてもらったような気がするのです〉

心の時間の修復

松浦さんは、このお客さんのことばに救われたような気がしました。

時計を直すことで、その人の心も元気にすることができたということを知り、この仕事を続けてきてよかったと心から思ったのです。一度は、だれの役にも立たなくなってしまったと感じた自分の技術が、だれかの大切な時計をよみがえらせ、そしてその人の心にも届いたということが、松浦さんを幸せな気持ちにさせてくれました。

これまでの苦労が、すべて報われたような気がしました。

島をでる思いを封印し、この島で時計店を続けてきてよかった。

島にのこったこと。時計の仕事をあきらめなかったこと。職人としての意地をはりとおして選んだ道は、まちがっていなかったと松浦さんは思っています。そして、あらためて、修理の仕事ができる幸せを感じます。

「棺桶には、ピンセットをもったまま入れて欲しいくらい」

意地っぱりの職人は、そんな冗談を言って笑いました。

✳止まった「時」を動かす

松浦さんのところに、また修理の依頼が届きました。

大阪府に住む男性、天見さんから送られてきた、40年前のスイス製腕時計です。しかし、時計にそえられていた短い手紙の最後の一文を読んだ松浦さんは、首をかしげました。

〈直らないときは、捨てていただいてかまいません〉

松浦さんのところに送られてくるのは、ほとんどが、持ち主にとって特別な思い入れのある大切な時計です。〝直らなかったら捨ててくれ〟という人はあまりいません。小さな島の時計店に送ってくるのだから、大切にしているものにちがいないのに、捨ててもいいというのはいったいどういうことなのか？

松浦さんには、天見さんの気持ちをうまく想像することができませんでした。

とりあえず時計の状態を見てみようと、作業台の上で分解にとりかかった松浦さん。ところが、時計の裏ぶたがひらきません。ふたとケースとのあいだがさびついて、くっついてしまっているのです。おそらく、そうとう長い時間放置されていたのだと想像できました。

ふたがあけられなければ修理はできません。松浦さんは、修理を断ろうかとも思

さびついていて、裏側のふたをあけることもできなかった天見さんの時計。

いました。

でも、何かが気になります。

そこで松浦さんは、天見さんのところに電話をかけてみることにしました。

「もしもし、新光時計店ですが。こんにちは」

電話にでたのは天見さんの奥さんでした。

松浦さんは時計の状態を説明し、修理の依頼の経緯をたずねます。すると、天見さんとその時計に深いきずながあることがわかったのです。

天見さんは、72歳。14年前に脳卒中でたおれて、右半身の自由を失い、いまは毎日つらいリハビリを続けて体の動きをとりもどそうとしていました。

若い頃、会社員として働いていた天見さんは、子どもの頃からいだいていた、フラワーショップを開くという夢をあきらめられず、23歳のときに会社を退職。そして、念願のフラワーショップをはじめました。苦労しながら一生懸命働き、ようやくお店が順調になってきた頃、記念にスイス製の腕時計を買いました。以来その時計は、仕事のときも旅行のときもいつもいっしょだった、天見さんの相棒。天見さんの、夢を追い続けた人生の時間が、この時計にはきざみこまれていました。

天見さんが病気で動けなくなった頃、不思議なことに、この時計も動かなくなってしまいました。天見さんはあらためて、自分と時計との深いつながりを感じ、

（この相棒がもう一度動きだせば、自分も元気になれる）

と信じるようになりました。

大阪で何軒もの時計店に修理を依頼しましたが、どこにも引き受けてもらえないまま、10年以上がたちました。そして、最後のたのみの綱として、松浦さんのところに時計を送ってきたのです。

松浦さんに直せなければ、この時計はもう直らない。そしておそらく、自分もも

電話で天見さんの思いを聞き、しっかり受け止める松浦さん。

う動けるようにはならない――。

あの手紙の一文には、天見さんのそんな思いがこもっていました。

事情を聞いた松浦さん、

「それじゃあ、がんばってやってみようね」

と奥さんに伝え、電話を切りました。

（直さなければならない）

松浦さんの心にそんな思いがみなぎりました。

世の中には、もっと高価な時計や立派な時計もあるでしょう。しかしこの時計の価値は、天見さんにとってかけがえのないものです。この時計がもとどおりに動くということは、天見さんにとって特別なことなのです。

なんとかしてもとの姿にもどしてあげたい。

松浦さんの心が、試練に立ち向かっている天見さんの思いに寄りそっていきました。

松浦さんが、修理にとりかかりました。

さびついてあかなかった裏ぶたをなんとかあけると、まず、時計の機械本体をケースからとり外す作業です。しかし、外さなければいけないネジもさびてしまっていて、回りません。松浦さんは、ドライバーの先をヤスリで研いでうすくし、ネジ山に深くさしこんで慎重にネジを回します。ようやくネジが外れました。

ところが、ネジが外れても本体とケースははなれません。これもやはりさびのせいでした。もし、さびが機械を動かすために重要なヒゲゼンマイなどにまでおよんでいれば、松浦さんにもどうすることもできません。

ペンチやうすいヘラをいくつもつかい、なんとか機械本体を外すことに成功した松浦さん。祈るような気持ちで部品をとりだしていき、時計の心臓部であるヒゲゼンマイの状態を確認します。

ヒゲゼンマイは、ゆがんでしまっていましたが、さびてはいませんでした。

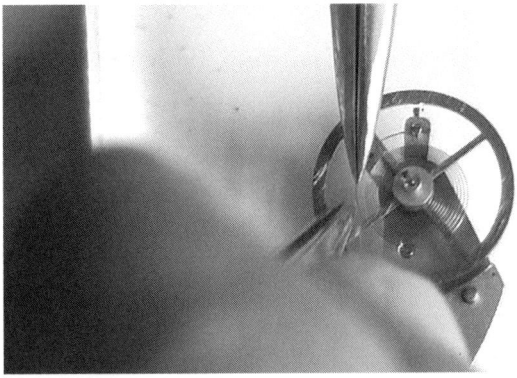

極うすの金属でできたヒゲゼンマイをピンセットでつかみ、調整する。

（よし、これなら見こみはある）

大きく息をついた松浦さん。いったん席を外して休憩です。

ここまでに1時間。

ふつうの修理の3倍近くの時間がかかりました。かなり力をつかって、しかも繊細な作業を続けたため、体も気持ちもひどく緊張していました。店先のいすに座って、ストーブに当たりながら腕をもみほぐし、心をしずめます。

30分の休憩のあと、作業再開。いよいよ、ヒゲゼンマイの調整にとりかかります。

直径5ミリのヒゲゼンマイの、細い金属をつまむピンセットの先に、全神経を集中させる松浦さん。

息を殺すようにして、ゆがみを少しずつ慎重に直していきます。
きれいな円に修復して、ピンセットでふりこ部分を動かしてみると、ヒゲゼンマイは正確な運動をはじめました。
「よっしゃ」
松浦さん、小さいけれど力強い声で、時計が息を吹き返しつつあるのを確認します。
しかし、まだ気はぬけません。天見さんの時計が止まってしまったのは、機械のあちこちに細かいさびが入ったためだと松浦さんは考えていました。それを完全に落とさなければ、時計はいったん動きだしても、やがてまた止まってしまいます。
細かく点検していくと、やっかいな部品にさびが入りこんでいるのが見つかりました。「筒カナ」とよばれる筒状の小さな歯車で、時計の針を回す部品です。ここがさびついてまったく動かなくなっていました。
松浦さんは、鉛筆のように先のとがったキリで、筒カナに機械油をほんの少しずつさし、じょじょに油とさびをなじませます。
そして、だんだんと力を加えて筒カナを回し、さびを落としていきます。注意力

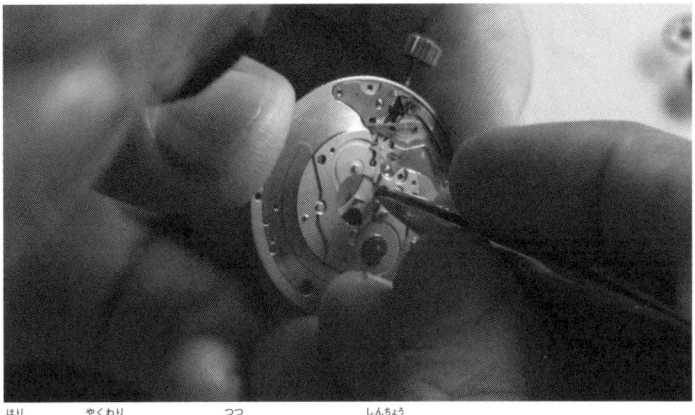

針を回す役割をしている筒カナのさびを慎重に落とす。

と根気のいる作業。しかし松浦さんは、集中力をとぎれさせません。

松浦さんをささえているのは、この時計と自分を重ねあわせている天見さんに、

「もう絶対に止まりませんよ」

と言ってこの時計を返してあげたい、という気持ちです。

✳最善と言える仕事を

持ち主の思いのこもった時計に対して松浦さんは、「少しはよくなった」「とりあえず動けばいい」というような中途半端な仕事をしません。自分にできるかぎりの手をつくし、

最高の仕事をするのが松浦さんの流儀です。小さな部品の一つひとつ、そこに生じている問題の一つひとつに、誠意をもって向き合い、修理をします。そして、時計を最高の状態にして持ち主に返すのです。

リハビリで自分の体と戦っている天見さんといっしょに、松浦さんも自分の仕事の限界に挑んでいました。

修理開始から6時間。筒カナがなめらかに回りはじめました。

「よっしゃ、これでええ。助かるぞ」

緊張していた松浦さんの表情に、自信がのぞきます。

すべての部品を組み立て直し、機械本体をケースにおさめます。作業台の上におかれた天見さんの相棒は、14年の眠りから覚め、力強く1秒ずつ時をきざみはじめました。

「よっしゃ、これでええ」

松浦さんは、もう一度そう言いました。

松浦敬一

生き返った時計を手首に巻く天見さん。

1週間後、大阪の天見さんのもとに、修理済みの腕時計が届けられました。

箱の中から出てきた相棒の時計は、昔のように元気に動き、輝いています。天見さんの表情が、ぱっと明るくなりました。奥さんが腕時計を天見さんの手首に巻き、

「時計が生き返りましたよ。あなたも、生き返ってくださいよ」

とはげますと、天見さんは、

「生き返りますよ。元気になりますよ。絶対や」

と、時計を見つめます。

なつかしいその感触にうれしそうに笑い、その腕を上げてガッツポーズをしてみ

せる天見さん。
相棒との再会に、心にも体にも力がみなぎっているようでした。

その頃、大崎下島の新光時計店には、また、こわれた時計がもちこまれていました。松浦さんが、その時計と持ち主の物語に耳をかたむけています。
持ち主のそれぞれの思いのこもった時計。とびきりの腕をもった職人松浦さんは、とびきりの心で今日も時計を直します。そうして、人々の絶えることのない人生の時の流れをつないでいくのです。

松浦敬一（まつうらけいいち）

プロフェッショナルとは

一つひとつの時計と、きちんと
向き合い、誠心誠意（せいしんせいい）対応（たいおう）する。
当たり前のことですが、それをこなすのが、
プロフェッショナルじゃないかと思います。

第267回2014年6月8日放送

こんなところがプロフェッショナル！

時計の修理で全国に名を知られる、松浦敬一さん。こんなところがすごいよ。

開店準備は朝の6時半から

新光時計店はほぼ年中無休。松浦さんはお盆もお正月も1日も休みません。しかも朝の6時半に開店の準備をはじめます。島の人が、朝一番で時計をもちこめるよう、松浦さんは毎朝6時半にはお店をあけておくのです。

どんな時計でも記憶する

時計は種類によって、中身の構造がちがいます。設計図もありません。松浦さんは、たとえどんな時計でも、分解しながらその時計の構造を記憶し、修理が終わるともとどおりに組み上げていくことができるのです。

修理は1年から半年待ち

松浦さんの時計店には、全国から年間300ものこわれた時計が送られてきます。長男の光司さんが修理を手伝っても、半年から1年待ちの状態です。松浦さんは、その時計の物語に寄りそいながら、ひとつずつていねいに修理をするのです。

つかえるものは大切につかう

「つかえるものはつかう」という松浦さん。古いものでも直せるものは修理してつかいます。照明器具は、松浦さんが小学校4年生のときからつかっているもの。仕事でも生活でも、ものを大切にしている心は同じです。

プロフェッショナルの格言

すご腕の時計職人、松浦敬一さんのことばを心にきざもう。

一つひとつの時計に、誠心誠意つくす

「一つひとつの時計に、ぬけめないように、誠心誠意つくす」これが松浦さんの信念です。どんな時計でも、つねに最善をつくす。いつでも最高の技術と集中力を発揮できるよう、日々つとめています。

しんどいほうへいかんと

「みんなしんどい仕事は逃げようとするからね。それを可能にするなら、どうしてもしんどいほうにいかんと」と松浦さん。ほかの職人があきらめたものを直すには、しんどい作業をするしかないと思っています。

依頼者の気持ちをいちばんだいじに

「時計そのものより依頼者の気持ちをいちばんだいじにする。そうすると直すのも力が入る。それが応援してくれる」という松浦さん。持ち主を想像し、その思いを知ることが、松浦さんの原動力なのです。

天職は、生涯をかけて全うせよ

うなぎ職人　金本兼次郎

日本の伝統食として知られる、うなぎ。
２００年の歴史を誇る老舗のうなぎ屋で、その味を守る職人がいる。
90歳で現役。
「裂き3年、串打ち3年、焼き一生」と言われるうなぎの修業だが、
職人はそのことばどおり、ひたむきにうなぎに向き合い続け、
いまなお向上心を燃やし続けている。
職人がみがきにみがいた技で焼くうなぎは、黄金色に輝き、
「あんなに美しい蒲焼きは見たことがない」と絶賛される。
その味はどんな技によって生みだされるのだろうか？
変化のはげしい時代の中で、伝統の味を守り続けるために
職人はどのような道を歩んだのだろうか？

✳生涯をかけて

東京都港区東麻布。観光客でにぎわう東京タワーのすぐ近くに、「野田岩」というなぎのお店があります。野田岩は江戸時代創業の名店。味にうるさい江戸っ子のお気に入りとして知られたお店で、現在まで２００年近くものあいだ、東京で営業を続けています。

この野田岩の歴史と伝統を守るのは、５代目店主、金本兼次郎さん。

金本さんは、うなぎひと筋70年の大ベテラン。すぐれた技術者を表彰する「現代の名工」に、うなぎ職人としてはじめて選ばれたほどの名人で、90歳になっても現役の職人として毎日調理場に立っています。

金本さんの1日は、早朝4時にはじまります。

おきるとすぐに白衣に着がえ、自宅の下にあるお店へ。ゆっくりだけれど確かな足取りで調理場に入り、すでに準備をはじめているお弟子さんたちに、「おはよう」

写真：五代目野田岩 麻布飯倉本店

江戸時代から続く老舗「野田岩」の本店。

と声をかけます。

調理場には、その日つかううなぎが運びこまれています。その数は300匹以上。

天然のうなぎはなかなか手に入らないので、大半が養殖されたものですが、よく太ってつやつやしたうなぎが、たるの中で元気に動いています。

うなぎ料理でもっとも一般的なのは、蒲焼きです。うなぎの蒲焼きの調理法は関東地方と関西地方でちがいがありますが、野田岩の蒲焼きは関東風。

調理は、生のうなぎをさばく「裂き」からはじまります。関西では腹から裂きますが、関東では背から裂きます。

包丁でうなぎの身をたいらに開きますが、うなぎの身は長細くてすべりやすく、しかも生きたままなので動きます。ほかの魚をさばくのとは異なる、特殊な技術が必要です。

金本さんの裂きがはじまりました。

まな板の上にうなぎを目打ちで固定して、背中を一気に切り裂き、そこから身をたいらに開くと、ななめに寝かせた包丁をすべらせ、長い背骨をするするとはぎとります。内臓を手早くとりのぞき、身の縁にある長いひれを、型でもあるようにきれいに切りとりました。最後に身をふたつに切ってバットに並べます。

1匹をさばくのに1分もかかりません。うなぎは、裂きに時間がかかると血が全身にまわって味が落ちてしまいますが、金本さんはこのスピードでうなぎの新鮮なおいしさを保ちます。

お弟子さんたちが、それぞれの仕事の合間に金本さんの手元に見入ります。

食い入るような真剣なまなざし。

こうして一流の技を学んでいるのです。

身をたいらに開いたら、その身に串を刺す「串打ち」をします。

■ うなぎの「裂き」の手順

うなぎを生きたままさばく「裂き」。味が落ちないよう、すばやさが重要になる。

1

頭に目打ちをさして、まな板に固定する。

2

頭のほうから背側に包丁を入れ、背にそって一気に尾まで切る。

3

身をたいらに開き、内臓をとって骨を外す。

4

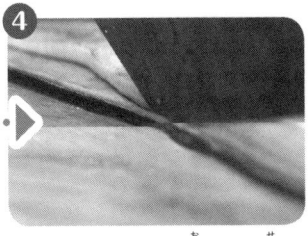

頭を切りはなして、尾ヒレと背ビレを切りとる。

5

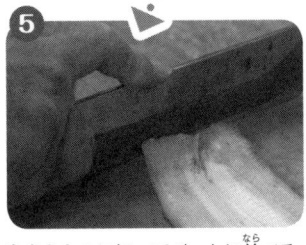

身をふたつに切ってバットに並べる。

串は焼くときの持ち手になりますが、焼いたときに身が変形してしまうのを防ぐ役割もあります。串を打ったときに身に大きな凹凸ができると焼きむらができてしまうので、どれだけたいらに串を打てるかが職人の腕の見せどころです。

若いお弟子さんたちが串を打ちます。金本さんは一人ひとりの串打ちを見て、

「打ったら、もとにもどしてごらん」

「もうちょっとつめて。そうしないと身の厚みがでないよ」

と、こまかく指導します。

こうしてお弟子さんに技を伝えながら、お店にだす料理の質を万全なものへと高めていくのです。

次は「素焼き」。

串を打ったうなぎを炭火で焼きます。強い火で余分な脂を落としますが、こがしてしまっては台なし。微妙な加減が必要です。炭火の上におかれたうなぎの表面に脂がにじみでてきて、じりじりと小さく泡立ち、やがて身からしたたり落ちていきます。

金本さんのお店のうなぎは、脂が多すぎないさっぱりした味わいが特徴です。素焼きの段階で余分な脂をしっかりと落とし、同時に生ぐささの原因になる皮と身のあいだの脂も、素焼きで完全に焼ききります。

この素焼きで重要なのが、うなぎを火からはなす「手返し」と、うちわのつかい方です。うなぎをこまめに火からはなし、さらにうちわでうなぎに風を当てて、温度の調整をするのです。こうすることで、うなぎを表面からだけでなく、内側から焼くことができます。

素焼きしたうなぎを、こんどは蒸します。

沸騰したお湯の入った鍋の上に、せいろとよばれる器をのせ、その中にうなぎを入れて熱い蒸気で熱するのです。こうして火をとおしながら、うなぎの身をふっくらとやわらかくします。

蒸し時間は通常30分程度ですが、金本さんは1時間近くじっくりと蒸して、よぶんな脂を落とし、うなぎのやわらかい食感を追求します。

開店前の準備はここまで。

早朝から約4時間、立ちっぱなしで働いた金本さんは、いったん家にもどって朝食をとります。そして、1時間ほど仮眠し、お昼の開店と同時にはじまるもっともだいじな工程、「焼き」に備えるのです。

お昼の営業のはじまる11時、金本さんが調理場にもどりました。白い調理用帽子をきっちりとかぶり、表情があらたまります。

いよいよ最後の工程「焼き」。

うなぎにタレをつけて焼きます。タレをつけては炭火で焼くことを数回くり返し、焼き上げていきます。この焼きの加減がとてもむずかしいため、うなぎの修業は「裂き3年、串打ち3年、焼き一生」と言われます。焼きの技術は職人が一生をかけて追求していくものなのです。

金本さんが炭火の前に立ち、お弟子さんに合図をすると、さっき蒸したうなぎが運ばれてきました。しっかりと蒸したうなぎは豆腐のようなやわらかさ。金本さんは、そのうなぎをタレのつぼの中につけるお弟子さんに、

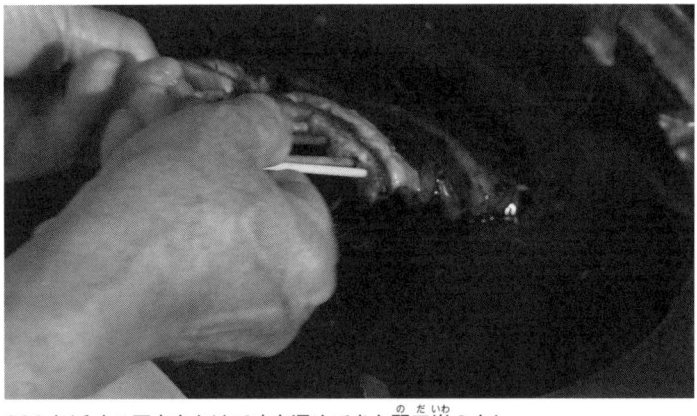

200年近くの歴史をかけて味を深めてきた野田岩のタレ。

「そーっとだよ、そーっと、そーっと」と、注意をうながします。

タレは、創業以来つぎ足しながらつかってきた大切なもの。戦争中は防空壕に入れて守りぬきました。しょうゆとみりんだけのさっぱりとした味ですが、そこに焼いたうなぎからでた脂を加えて、代々味を深めてきました。

その秘伝のタレをつけたうなぎを、まるで割れ物でもあつかうように慎重に炭火の上におきます。こうして、タレをつけ炭火で焼くことを4回くり返すのです。

1回目、2回目ではまだ美しい色がでません。3回目、4回目でだんだんとよい焼き色と照りがついてきます。

黄金色の照りがでるタイミングが、最高の風味となる。

わずかでも表面がこげれば、うなぎの繊細な風味がそこなわれてしまいます。こげる寸前の最高の風味となる黄金色のタイミングをねらう真剣勝負。

金本さんは、炭の上におかれたうなぎに全神経を集中させ、うちわであおいでやわらかく風を送り、なんどもうなぎを火からはなしたりもどしたりしながら、最高の一瞬をとらえようとしています。

この焼きの秘訣について、金本さんはこんなふうに話します。

「自分の感性で焼いていく。火鉢の上の格闘。火の強さによってうなぎをおく位置を考えるとか、職人は微妙なところをどこまでも追求していかなきゃ。そしてそれをお客さんに喜んでもらう。そのために全力投球です」

そして、その「微妙なところ」の追求は、うなぎを火から下ろしたあとにまでおよびます。調理場からお客さんの前に運ばれるまでのあいだに、重箱の中でうなぎがわずかに蒸されることや、その日の天候、湿度まで計算に入れ、お客さんのテーブルで最高の状態になるよう調整して仕上げているのです。

こうした金本さんのこだわりに、お弟子さんたちは日々圧倒されています。

「天気によって見え方がちがうことも考えて、お客さんにいちばんきれいに見える焼き色をだすんです。そういうところまで気をつかっている。すごいと思います」

こだわりぬいた最高のうなぎが、お客さんの前に運ばれていきます。

重箱のふたを開けると、美しい黄金色に光るふっくらとしたうなぎが、重箱の長方形をみっしりとすきまなくうめています。

うなぎには、こげひとつ、焼き縮みひとつありません。完璧な蒲焼きです。

お客さんの口から、

「おお！」

と、おどろきの声があがります。そしてその黄金色のうなぎをひと口食べると、

「最高」

という短いことば。幸せそうな笑顔です。

これが、うなぎひと筋70年の金本さんの技。しかし、ここまで到達しても金本さんは満足しません。炭をおく位置はここでいいのか？　うちわをあおぐスピードはこれでいいのか？　もっとうまく焼きたいと思い続け、くふうし続けています。ただの職人で終わるのではなく、自分だけの職人芸がなくてはいけない。その向上心は、ゆるがない覚悟から生まれていました。

生涯、一職人として生きる

金本さんは、「焼き一生」という言葉は、職人は研究をし続けなさい、という教えだと考えています。仕事を続けるかぎり、ゴールはありません。一生修業です。

仕事を単純作業にせず、つねに深めようとすること。自分がたどりついた高みをさらに乗りこえて、もっと高いところをめざすこと。そんな自分との格闘こそが職

人の生き方、と覚悟している金本さんは、

「『もういいや』と思ったら、きっとそのときが命の終わるときだよ」

と、まつげまで白くなった目を細め、軽やかに笑うのです。

午後5時、野田岩の夜の営業がはじまりました。

食事が中心のお昼の営業とちがい、夜はお酒を楽しむお客さんが増えます。お客さんのところに運ばれていくのは、意外なことにワインのボトルです。

和食を食べるなら、いっしょに飲むのは日本酒がおいしいというのが一般的。もちろんうなぎも例外ではありません。でも、金本さんのお店では、30年以上前からお客さんにワインもすすめてきました。タレをつけずに焼いたうなぎに白ワインを組み合わせるという、うなぎの新しい楽しみ方を提案してきたのです。

この取り組みをはじめた当初は、長い伝統をほこる老舗にはふさわしくないという批判も受けました。老舗は伝統を守るべきで、それを変えるべきではないという意見が多かったのです。

「志ら焼」と白ワインをあわせたお店のセットメニュー。

しかし、金本さんは批判をおそれずに挑戦をし続けました。なぜなら、金本さんには、伝統というものに対する独自の考え方があったからです。

金本さんにとって伝統とは、ただかかえていればいいだけのものではありません。大切な伝統だからこそ、さびれてしまわないように前に向かっていかなければいけない、と考えているのです。

時代にあわせて伝統を生かす方法を考えること。それこそが老舗の伝統を負った自分の仕事だと、金本さんは信じています。

白ワインとうなぎの組み合わせは、お客さんからは好評です。

「実にいいですね。こんなに合うものだとは思いませんでした」

白ワインのグラスをかたむけながら、ふんわりとしたうなぎのやさしい風味を味わう。新しいうなぎの楽しみ方に出会い、お客さんは充実したひとときをすごします。

このお客さんの喜びのために、金本さんは日々技をきわめ、伝統を守り、また乗りこえ、歩んでいるのです。

✳伝統との戦い

創業200年の野田岩にとって、伝統は宝。しかし金本さんは、長年この伝統の重圧と戦ってきました。

金本さんのお父さんは、野田岩4代目の勝次郎さん。うなぎの名人として名を知られた勝次郎さんは、お客さんに催促されても、納得できないうなぎはけっして出さないと言いきる完璧主義のがんこな職人でした。

そんなお父さんのもと、金本さんは小学生の頃から修業をはじめました。十代の半ばで太平洋戦争がはじまりましたが、もし空襲があったら必ず守れと教えられたのは、お店のタレ。先祖伝来のタレは、家でもっとも大切なもの、命の次に守るべきものとされていました。

そんなふうに、少年時代からうなぎ職人としての技と心得を父からたたきこまれた金本さんは、昭和33年に、野田岩の5代目としてお店を継ぎました。当時30歳。老舗の若い店主として出発した金本さんですが、やがて時代の変化に巻きこまれていきます。

お店を継いで間もなく、川の汚染などの影響で、天然のうなぎが急激に少なくなり、手に入れるのがむずかしくなってしまいました。天然ものが手に入らなければ、養殖のうなぎをつかうしかありませんが、金本さんは養殖ものをつかう気になれません。

野田岩は、昔から天然のうなぎしかだしたことがないのが誇りでした。自分の代になって養殖のうなぎをだすわけにはいかないと考えた金本さんは、天然ものが手に入らない日はお店を閉めると決めました。

しかし、天然うなぎは年々少なくなり、手に入らない日が増えていきます。お店を閉める日はだんだん多くなり、数年後には、1年のうち4か月もお店を閉めなければならなくなりました。

従業員たちの前では、「遊んでいればいいさ」と言って、なるべく明るくふるまっていた金本さんですが、心の中は不安とあせりでいっぱいでした。

（この先、うちの店はどうなるのか？）

いても立ってもいられなくなると、ひとりで車に乗り、見つかるはずもない天然うなぎを探して走り回りました。ひとりになると、

「つらいなあ……」

ということばが、なんども口からでてきます。店を引き継いだばかりの若い経営者として、この危機にどう対処したらいいのかわからず、途方に暮れていたのです。

そんなあるとき、天然のうなぎをたくさん仕入れることができたので、田んぼを借りて、そこでうなぎを保管してみることにしました。手に入るときに天然ものをまとめて仕入れ、自然の状態で保てば、まとまった期間お店をあけることができる

と考えての試みでした。

ところが間もなく、田んぼに放した2000匹もの天然うなぎは、病気でほとんど死んでしまいました。お店の危機を救う挑戦に失敗し、何より、大切なうなぎをたくさん死なせてしまったことがあまりにショックで、涙さえでません。

頭の中は真っ白。金本さんはぼう然としながら、田んぼから死んだうなぎをひき上げます。そして雨の降る中、土にひざをつき1匹1匹穴を掘ってうめました。

こうして、何も解決できないまま8年がすぎました。もはや養殖うなぎをつかう以外、お店を立て直す方法はありません。

しかし、5代目として店を引き継いだ自分が、伝統をこわしてしまっていいのか？金本さんは決断できませんでした。

悩む金本さんは、40歳のとき、天然うなぎを探すために香港へ向かいました。そして、そこではじめて日本以外の「世界」を目の当たりにします。

香港は中国の都市でありながら、長くイギリスの領地としておさめられた特殊な歴史のある街です。東洋と西洋の文化が混じり合い、次々に新しいものが生まれて

西洋と東洋が混じり合うエネルギッシュな香港の街並み。

は消えていきます。

通りには近代的なビルと古い小さな店が無造作に並び、街はめまぐるしく変化していました。そして、その変化の中で人々はたくましく生きています。

そんなエネルギーの満ちあふれる香港の街の中に立ち、金本さんは思いました。

（自分は、いままで何にしばられていたんだろう？）

お店を継いで10年。

金本さんは、老舗の伝統や歴史にとらわれてしまっていました。野田岩はこうでなければいけない、と自分でお店の可能性を閉じこめてしまっていたのです。

しかし香港の街の活気にふれ、商売とはそういうものではないと気づきました。もっと自由に店を変えていくやり方を考えよう、と自然に心が開きました。

そもそも、うなぎは庶民の味でした。天然にこだわる必要はなかったのです。それよりは、少しでもおいしく料理し、たくさんのお客さんに喜んでもらうこと。それこそが、職人である自分の役割だと考えた金本さん。4代続いたしきたりを変え、養殖のうなぎをお店にだすことにしました。

ただし、養殖だから味が落ちたとは絶対に言わせない。

それが、老舗を継いだ金本さんの意地でした。天然ものにくらべて脂が多い養殖のうなぎをさっぱり仕上げるために、素焼きの方法や蒸し時間など、調理の工程を徹底的に見直しくふうを重ねます。

そうして新しい焼き方でだした養殖のうなぎを、お客さんは以前と変わらずおいしいと喜んでくれたのです。

この大きな挑戦の成功から、金本さんはさらに新しいアイデアにも挑むようになりました。うなぎに白ワインをあわせる提案も、そうした試みのひとつです。ワインという外国の文化と組み合わせることで、うなぎの新しい楽しみ方を生みだすことができました。

金本さんは確信しました。

伝統は、変化を積み重ねた先に生まれる

伝統は守らなければなりません。しかし、伝統を守るために変えていかなければならないものもあります。老舗を守る者には変える勇気も必要だということを、金本さんは身をもって知ったのです。

守る責任、変える責任。

金本さんはその重みを背負って、日々調理場に立っています。

✳70回目の夏

日本には、暑さのもっともきびしいときに栄養の豊富なうなぎを食べる「土用う

なぎ」の風習があります。立秋の前の18日間が夏の「土用」にあたり、この頃が、うなぎがもっともたくさん食べられる時期です。

金本さんの野田岩も、この土用の時期がかきいれどきでいそがしくなります。しかし、その土用をひかえて、金本さんには深刻な心配ごとがありました。

うなぎの稚魚であるシラスウナギがひどい不漁で、養殖うなぎの値段がとても高くなっていたのです。そのうえ、もともと数が少ない天然のうなぎも、福島第一原子力発電所の事故のあと、放射性物質が検出された地域があったために、ますます数がへってしまっていました。

うなぎをあつかうお店にとって、状況は年々きびしくなっていました。同業者がうなぎ屋をやめてしまったといううわさもいくつか耳に入っています。金本さんにとって、職人になって70回目の夏は、険しいものになりそうでした。

そんな金本さんには、もっともいそがしくなる時期を前に、どうしても会っておきたい人がいました。フランスのワイン醸造家、ドミニク・ラフォンさんです。

ラフォンさんは世界的に有名なワイン造りの名人。金本さんは8年前にラフォンさんと出会って、そのワインにほれこみ、以来、お店でもラフォンさんのワインをだし続けていました。

ラフォンさんは、フランスのワイン造りの伝統を受け継ぐ若い職人です。国も分野も年齢もちがいますが、金本さんは、ラフォンさんと自分の仕事に共通するものを感じ、信頼を寄せていました。きびしい夏を前に、金本さんはラフォンさんに会って、仕事への気持ちをふるいたたせたいと思っていたのです。

フランス東部のブルゴーニュ地方に、ラフォンさんを訪ねた金本さん。再会を喜び合い、さっそく、ラフォンさんがつくったとっておきのワインを楽しみます。

その後、ラフォンさんは金本さんをブドウ畑へ案内してくれました。ラフォンさんの畑は、農薬や化学肥料をいっさいつかっていません。ラフォンさんは、従来のブドウ栽培を一から見直し、自分なりの方法で畑を管理していました。

ラフォンさんが守らなければいけないのは、おじいさんやお父さんから受け継いだ土。150年受け継がれてきた伝統の土を守るために、ラフォンさんは土のあつかい方を大胆に変化させているのです。

ラフォンさんのブドウ畑。150年の伝統ある土でブドウを栽培する。

金本さんとラフォンさんは、ブドウの葉が美しく茂る畑で、ワインを味わいながら伝統について話し合いました。ラフォンさんは、

「伝統とは、昔のまま変わらないことではありません。伝統は、新たな知識や考え方をとり入れることで、よりよいものになるのだと思います」

と言います。金本さんはうなずきました。

「昔から伝わってきた基礎はしっかり守って、そのうえで、時代にあわせて少しずつ変化していくということですよね」

金本さんの考えとラフォンさんの信念は、ぴったり重なっていました。そのラフォンさんの生き生きした姿を見ると、金本さんは、

自分の仕事や生き方に自信がもてました。

（自分もこのすぐれた若い職人に負けずに、生き生きと90代という年齢を生きていこう）

金本さんの心と体に力がみなぎってきました。

「メルシーボークー（ありがとう）」

手をさしのべて、かたい握手をします。

大きな勇気を得て、金本さんは試練がまつ東京にもどりました。

夏本番。アスファルトからはゆらゆらと熱気がたちのぼり、東京は連日暑い日が続きます。

7月の3連休の最終日。この日は土用に入る直前の祝日で、野田岩は大変ないそがしさになることが予想されました。

金本さんはいつもどおり朝4時におきて、調理場におりていきます。そして、いつものようにうなぎを裂きはじめました。用意されたうなぎの数は、ふだんより3

割増し。たるが次々に調理場に運びこまれてきます。なんとか調達したこれだけの量のうなぎを、すべて完璧に仕上げられるか？　それは、金本さんの自分自身との戦いでした。

しかし、金本さんは平常心でのぞみます。次々にうなぎをさばきながら、合間にお弟子さんたちの仕事を細かく確認する金本さん。

「串が身の下のほうに入ってるな。見てろ。上のほうをたいらにすると打ちやすくなる」

「おお、うめえじゃねえか。どこも直さないよ。立派だ」

ていねいに教えたりほめたりしながら、開店前の準備を進めていきます。

お昼が近づきました。開店時間前からお客さんが並びはじめたので、10分早くお店をあけると、あっという間にお店は満席になり、次々に調理場に注文が入りはじめました。調理場は一気に大いそがし。だれもがめまぐるしく動き回ります。

殺気立つ調理場で、金本さんは静かな声で、お弟子さんたち一人ひとりに、

「いまは焼きだけに集中したほうがいい」

「昼のことだけ考えろよ。いいか？　夜のことは考えなくていいからな」

「12時半になったら、うなぎを裂いておけよ。12時半だぞ」

と、いまするべき仕事と、次の準備を指示して回りました。お弟子さんたちは、金本さんの的確な指示に「はい」とうなずき、落ち着きをとりもどしてそれぞれの仕事に集中します。

客席にはどんどんうなぎが運ばれていきます。

「おいしい」

絶品のうなぎに顔をほころばせるお客さん。しかし、炎天下の店の外には長い行列ができていました。

「おまちが45名さまです」

どんなにいそがしくても、平常心で仕事にのぞむ金本さん。

と、報告が入ります。次々に焼いていかなければ間に合いません。

金本さんが炭火の前に立ちました。神経を目の前の火とうなぎに集中させます。どれほどいそがしくても、少しのこげ目もつけない最高の黄金色をめざして、真っ赤に燃える炭火とぎりぎりの勝負をします。

火の前は50度を超える高温。その暑さの中で神経をとぎすませ、すべてのうなぎの最高の一瞬を見きわめていきます。

結局、お昼のお客さんの数は２００人になりました。金本さんの予想どおり、今年最多。夜も混雑が予想されます。しかし、金本さんは落ち着いています。そして、夜の営業に備えて体を休めながら、ぽつりと言いました。

「若いときは、ただ無我夢中でやっていた。でも、年をとったいまは、いろいろふりかえりながら、もっといいやり方があるんじゃないかと考えてやっている。そういうふうに思わなくなったら、職人をやめるときなんだろうね」

そして、金本さんは、自分に職人をやめるときがくるとは思っていないのでした。

夜。予想どおりお客さんがたくさん入り、お店は大にぎわいになりました。

しかし、調理場では緊急事態が発生。

お客さんの人数が予想を超えたため、うなぎが足りないのです。必死のしこみを続けていましたが、追いつかず、このままではお客さんを長時間またせてしまいます。せっぱつまって顔色を変えるお弟子さん。

この状況に、金本さんが受話器をとり上げました。

電話をかけたのは、野田岩の支店。余裕のある支店から、下準備のすんでいるうなぎを分けてもらうのです。なんとか10人前を分けてもらえることになりました。

「10本来るからな」

お弟子さんにそう伝えると、金本さん自ら、すぐにタクシーで支店に向かいます。

支店でうなぎを受け取ると、そのままとんぼ返りでお店へ。

そして、調理場で支店のうなぎを蒸し直し、かたさをたしかめ、焼きに回します。

黄金色に焼き上がったうなぎをじっくりと確認し、納得すると、お客さんのところに運ばせました。

70年、大変なこと、苦しいことがたくさんありました。それでも、金本さんは、ひたすらにうなぎと向き合い続けてきました。

そして、さとったことがあります。

自分の仕事をつらぬく

うなぎが天然から養殖になっても、世の中の環境がどう変わっても、おいしいものをお客さんに食べてもらうために全力をつくすという、うなぎ職人としての自分の仕事を大切にすること。それがいちばん重要なことでした。

変化をおそれず、でも妥協をゆるさず。誠実に自分の仕事をつらぬくことの大切さを、金本さんは日々実感しています。

その夜、最後のうなぎを焼き終え、大変な一日を全力で乗りきった金本さんは、何事もなかったかのように、いつもどおり包丁を研ぎはじめました。そこにお弟子さんが近づいていき、

「うなぎをとりに行っていただいて、ありがとうございました」

天職は、生涯をかけて全うせよ

金本兼次郎

変化をおそれず、妥協をゆるさず、自分の仕事をつらぬいていく。

と、頭を下げます。

「間に合った？　よかったな」

からりとした江戸っ子の口調。一日中あわただしかった調理場には、気持ちのよい空気が流れていました。

そして、仕事の最後に、金本さんはお客さんのところに向かい、

「どうも、おまちどおさまでした。だいぶおまたせしまして、申し訳ございません」

そうあいさつをして、その日の仕事をしめくくりました。

自宅へ引き上げながら、金本さんはその日の仕事をふりかえります。

すべてのうなぎを最高の状態に仕上げられたか？　自分の力をだしきったか？　お客さんに野田岩の伝統の味を楽しんでもらえたか？　もっと喜んでもらえるくふうがあるか？　弟子たちは成長できたか？　気持ちよく仕事をさせられたか？

そして、その心はまた明日の仕事に向かっていきます。

「生涯一職人」。その志をつらぬくために、金本さんは、毎日最高の仕事をめざし、全力をつくすのです。

プロフェッショナルとは

何歳になっても、職人として一流のプロは、
どこまでも追求心があると思う。
そして、愛される人がらにならなければ
いけないと思う。

第209回2014年5月19日放送

こんなところがプロフェッショナル！

70年以上この道を追求し続けているうなぎ職人、金本兼次郎さん。そのほかにもこんなところがすごいよ。

1日の仕事をふりかえり、日記をつける

金本さんは、すべての仕事が終わった夜に、1日の仕事をふりかえって日記をつけています。うなぎ職人として70年以上たっている大ベテランの金本さんでも、その日の自分の仕事をふりかえり、今日はどうだったか、もっとできることはないかと、考え続けているのです。

こうと決めたらてこでも曲げない！

生粋の江戸っ子の金本さん。一度決めたら徹底して守りぬきます。その徹底ぶりは、歯みがきのしかたにも。上の歯が5分、下が5分。時計を見ながらきっちり10分かけてみがききります。

支店の視察でもトレーニング

毎週土曜日に支店を視察する金本さん。野田岩の支店はデパートの8階ですが、金本さんは階段をつかい8階までのぼります。店での仕事は立ち作業。何時間も立ち続けることができるよう、足腰をきたえているのです。

「仕事」とは美を追求すること

金本さんは、「仕事とは美を追求すること」だと言います。うなぎを美しく焼き上げるだけでなく、下準備にも美を求めます。立ち姿はキリっとしているか、 包丁の動きは流れるように美しいか。そして、その美を生みだすのは、全力で仕事に向き合う心構え。お客さんには見えない努力の積み重ねで、極上の料理を生みだします。

プロフェッショナルの格言

神業のうなぎ職人、金本兼次郎さんのことばを心にきざもう。

毎日1回1回が勝負だから

金本さんは厨房に私情をいっさいもちこみません。自分にとっては何百匹のうちの1匹でも、お客さんにとっては唯一のうなぎ。毎日1回1回が勝負です。どんなときでもすべてのうなぎに全力でのぞみます。

これでいいやって言ったら、もうそれでおしまい

「人間っていうのも〝これでいいや〟って言ったら、もうそれでおしまい。自分との格闘だ。それがやっぱり職人だよ」と金本さん。職人であるならば、どこまでも追求していかなきゃと語ります。

伝統はあぐらをかいてかかえているものではない

「伝統はあぐらをかいてかかえているものではない」と金本さん。「どんどん前へ向かって、さびちゃわないように、次の時代にあわせてその伝統を生かしていく方法を考えなきゃ」と語ります。

人生を込(こ)めて、そばを打つ

そば打ち職人(しょくにん)

高橋邦弘(たかはしくにひろ)

日本文化を代表する和食、そば。
ゆでた麺を、つゆや汁の味だけで食べるそばは、
シンプルなだけにごまかしのきかない料理だ。
そのそばを打って40年、神とよばれるそば打ち職人がいる。
ひっそりと山奥にかまえた職人の店に、
その絶品のそばを味わうため、全国から客がやってくる。
あわい緑色に輝く、見た目も美しい職人のそばは、
香り、食感、のどごし、どこにも非の打ちどころのない完璧なそば。
しかし、職人は立ち止まることなく進化し続ける。
極上のそばを生みだす職人の技とは、どのようなものか？
「生涯そばを打ち続けたい――」。
彼は、その夢をかなえることができるのだろうか？

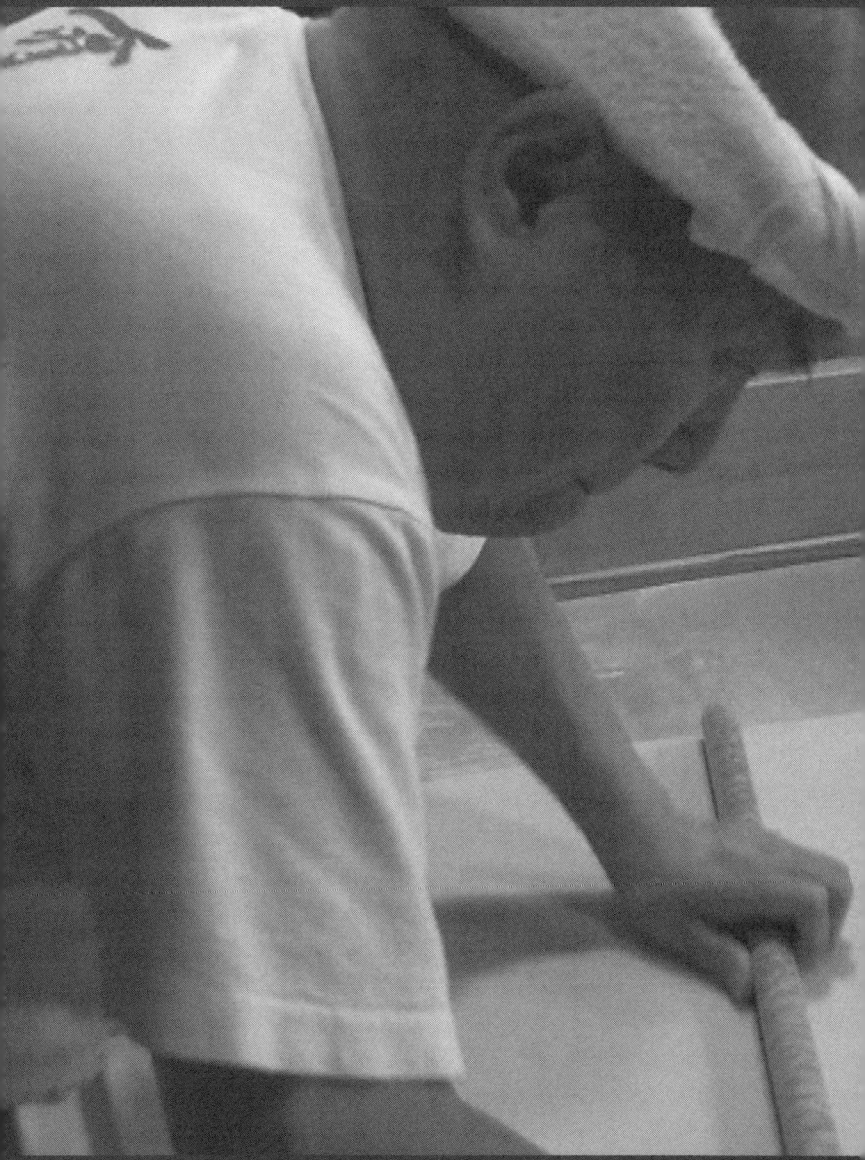

✳神業とよばれるそば打ち

早朝のそば屋の調理場。

調理台におおいかぶさるようにして、脇目もふらずにそばを打つ人がいます。丸い背中、丸い顔、そして大きな丸い目。坊主頭にタオルを巻いて、達磨さんに似た気むずかしそうな顔に汗をにじませています。

高橋邦弘さん。

「そば打ちの神様」ともよばれるそば職人です。高橋さんの打つそばは、有名な料理人からも最高と絶賛され、その絶品のそばを求めてお店はつねに満席。

そんなはなやかな人気とはうらはらに、大きな目でそば生地をにらむようにして、全身をつかってひたすらそばを打つ高橋さん。

調理台をはなれたときも、独特の前かがみの姿勢です。これは長年そばを打ち続けているうちに、腰がそばを打つときの姿勢のまま曲がってしまったもの。文字どおり生地に向き合ってそばを打っている姿は、きびしい修行をしているお坊さんの

集中してそばを打つ高橋さん。

ようで、近寄りがたいほどの集中力です。

でも、だれかに話しかけられたとたん、しかめた眉は開かれて、親しみやすい笑顔があらわれるのでした。

高橋さんのそばは、つややかな淡い緑色。食べるとそば独特の上品な香りがたち、ほどよい歯ごたえがあります。そしてのどをとおっていくときの存在感がばつぐん。これぞそば、という醍醐味を味わえるそばです。

味をささえているのは、高橋さんの材料に対する徹底したこだわりです。

そばの実は、自分の足で産地を歩き回って探し、選びぬいた9種類をブレンドしています。それを皮むき機にかけ、ていねいに皮むきします。実を傷つけないように皮をむくことで、実の甘みのつまった部分をむだなく生かします。

機械で皮をむいたあと、さらに手作業でのこった皮をとりのぞきます。皮がそばの舌触りをざらつかせてしまうので、徹底してとりのぞくのです。

こうしてきれいに黒い皮をのぞかれたそばの実は、うぐいすのようなやさしい緑色。これをひいて製粉すると、高橋さん独自の淡い緑色に輝く美しいそば粉ができ上がります。

もちろん、味の秘けつは材料だけではありません。そば打ちにも、だれにもまねできない高橋さんの技があります。

そばは、そば粉に水を加えて練ったものをうすくのばし、それを細く切って麺にしてつくります。シンプルでかんたんそうなつくり方ですが、おいしいそばを打つのはなみたいていのことではありません。

まず、高橋さんのそば打ちの特徴は、生地をうすくのばす作業にあります。

そばの食感とのどごしの決め手となるのは、生地の厚みです。

■ そば打ちの流れ

そば打ちは、そばの風味が逃げないよう手早く作業する。

1

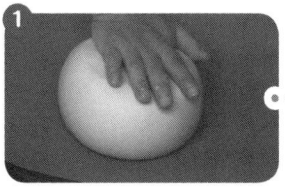

そば粉に水を加えてまぜ、こねてひとつにまとめる。

2

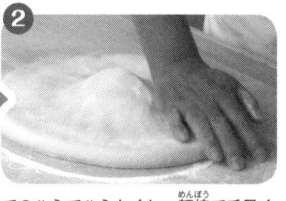

てのひらでひらたくし、麺棒で手早くのばす（のし）。

3

生地が四角くなるよう、さらに麺棒で手早くのばす（四つ出し）。

4

生地を折りたたんで重ねる

5

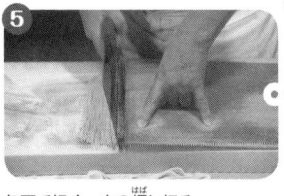

包丁で細く一定の幅に切る。

6

熱湯で湯がく。

7

水でしめる。

高橋さんが最高ののどごしと感じるそば生地の厚さは、1.2ミリ。この厚さになるよう生地をのばしていきます。

練ってかたくなったそば粉のかたまりを、麺棒1本と腕の力だけで正確に1.2ミリの厚さにのばすという作業は、それだけでもかんたんなことではありませんが、そのうえこの作業にはあまり時間をかけられません。もたもたしていると、生地が乾いてそばの風味が逃げていってしまい、食感もぼんやりしたものになってしまうのです。

そばの生地は、乾かさないことが大切だと高橋さんは言います。そばのおいしさを左右するのは手早さ。スピードを追求する高橋さんが、一貫して心がけていることがあります。

むだをそぎ落とす

生地をのばすために麺棒を転がすときも、高橋さんは少しでも早く仕上がるよう、むだをへらすくふうをします。

丸くのばした生地を四角に変形させる「四つ出し」という作業では、通常、角ごとに1回ずつ、計4回、生地を麺棒に巻きつけます。しかし、高橋さんはこれをたった2回で四角くしてしまいます。

生地の厚みの確認も時間をかけません。生地を上から見たときに、その下にできるわずかな影を見て厚さを判断するという独自の方法で、厚さ1.2ミリを見きわめています。

こうして限界まで作業を簡略化し、そばが乾燥して風味がおとろえるのを防いでいるのです。

生地を1.2ミリの厚さにのばして、きれいな四角にととのえると、12の層に折り重ね、いよいよ包丁を入れて細い麺にしていく段階。高橋さんがお弟子さんの名前をよぶと、お弟子さんは、高橋さんの前にすばやくまな板をセットします。

高橋さんは、作業と作業の合間ももたつかないよう、流れるようなリズムのよい仕事を求めています。そのために、お弟子さんにも仕事のタイミングを逃さないよう声をかけ続けます。こうしたくふうはつきることがありません。そばをもっと新鮮なうちに、もっとおいしく食べてもらえるよう、仕事のしかたを進化させていきます。高橋さんは、自分のそば打ちが完成したと思ったことがなく、だからこそ、新しい可能性を追う毎日の仕事をおもしろいと感じています。

高橋さんの包丁の音がひびきはじめました。

目を閉じて聞いていると、まるで機械が動いているように正確な一定のリズムです。そして、そのリズミカルな高橋さんの包丁は、なんの目安もなしに約3センチの幅をきっちり23回きざみます。その感覚は、高橋さんの体にしっかり記憶されているのです。そうしてきざまれたそばの幅はほとんど誤差がなく、みごとに1.2ミリでそろっています。生地の厚さとちょうど同じで、麺の断面はきれいな正方形です。

生地をのばす作業から、包丁を入れ終わるまで、ふつう40分かかるといわれますが、高橋さんは、なんとその半分の20分で完了させてしまいます。この圧倒的なスピードが、高橋さんのそばの格別な風味を生みだしているのです。

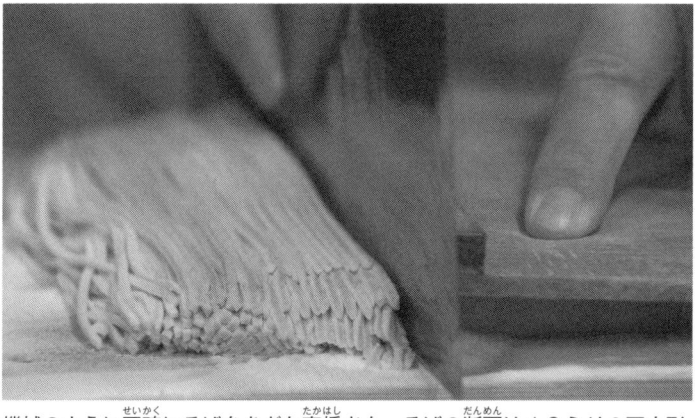

機械のように正確にそばをきざむ高橋さん。そばの断面は 1.2 ミリの正方形。

天職を求めて

そばひと筋の高橋さんの毎日ですが、ここにたどりつくまでの道は、真っすぐではありませんでした。

高橋さんが東京の工業高校を卒業したのは、昭和39年。卒業後すぐつとめたのは空調設備のメーカーでしたが、いきなりむずかしい現場に配属されたことから上司とけんかになり、会社をやめてしまいます。その後、数年のあいだにいくつか職場を変えますが、どの仕事にもやりがいを感じることができませんでした。

このままではいけないと、高橋さんは危機

感をもちました。これこそ自分の仕事だと信じられる仕事を、見つけなければいけないと考えます。

そんなある日、偶然そば打ち教室の案内を目にした高橋さん、強く気持ちをひかれました。子どもの頃からそばが大好きで、そば職人になりたいと考えた時期もあったのです。親の反対であきらめましたが、あらためてそば職人への夢が頭をもたげました。

しかし、すぐには飛びつきません。なんども仕事を変えて、気がつけばもう27歳。仕事に対して真剣にならなければいけないと自分に言い聞かせます。本当にそば職人になりたいか、1年間じっくり考えることにしました。

そして1年がたったとき、高橋さんは、やはりそば職人になりたいという熱い気持ちをもっていたのです。28歳の高橋さんは、そばに人生をかけようと覚悟を決めて、修業をはじめました。

一流のそば職人として名前を知られていた、片倉康雄さんに弟子入りした高橋さん。ひたむきに修業に打ちこみます。朝はだれよりも早くおきてしこみを終わらせ、

最高のそばを打ちたいと、かまえた東京の店。

浮かせた時間で生地をのばす経験を積みました。

そうした努力が実って、高橋さんはみるみる上達。わずか2年で、師匠の代わりにそば打ち教室で生徒を教えるほどの腕前になり、3年で独立、東京に自分の店を開くことができました。

お店の評判は上々、そば職人として申し分のないコースを歩む高橋さん。しかし、いつしか自分のそばに疑問を感じるようになりました。

（これが本当に最高のそばだろうか？）

とくに気になっていたのが、製粉会社から仕入れていたそば粉です。同じ銘柄のそば粉を注文しても、納品されてくる季節や日によって、風味に大きな差がありました。一定の品質を保って欲しいとなんどもたのみましたが、なかなか改良されません。これでは、いつでも同じようにおいしいそばをだすことができない、と高橋さんは悩んでいました。

そんなある日、常連のお客さんからこんなことを言われます。

「一生に一度でいい。これぞそば、というそばを食べさせてくれ」

その人は、斉藤辰三さんという大のそば好きで、若い高橋さんのそばをだれよりも高く評価し、はげましてくれていたお客さんでした。

「これぞそば」というそばとは、どんなそばなのか？　高橋さんは考えこみます。つきつめていくと、悩みの種だったそば粉の問題とも向き合うことになりました。納得のいかないそば粉で、本物のそばができるだろうか……。

考えぬいた高橋さんは、ついに東京の店を閉めようと心を決めました。

自分が求める最高のそば、これぞそばという本物のそばをつくるには、そばについてもっと研究しなければならないと考えたのです。そのための環境として、東京

店を山梨に移し、自らそばを育ててそばを徹底的に研究した。

という大都会ではなく、豊かな自然のある場所が必要でした。自分でそば畑をつくり、とことんそばと向き合い、本当に納得のできるそば粉ときれいな水で、最高のそばを打とう。そう決意しました。

高橋さんは、山梨県の山あいにお店を移しました。そして店の近くに畑をつくり、そこでそばを育てて研究をはじめました。

種をまき、苗を育て、実を収穫し、そばと向き合う高橋さん。深く学ぶほどわからないことがたくさんでてきました。

そばの実の中心と外側では、なぜ味がちがうのか？　どのようにひけばそばのねばりと甘みがでるのか？　高橋さんは一つひとつの問題に真剣に取り組み、自分なりのこたえをだしていきます。

研究の末、理想のそば粉のイメージができ上がりました。

高橋さんは、それを実現するためのそばの実を求めて、北海道から東北まで、そば農家を訪ねて回ります。そして、実際にそばを打って見せながら、自分がどんなそば粉を求めているかを説明しました。

それでも、理想のそばはなかなか手に入りません。農家との信頼関係ができるまでは、売ってもらえなかったり、古いそば粉を買わされたり、くやしい思いもしました。しかし、高橋さんはあきらめずに農家を回り続けました。すると、少しずつ協力してくれる農家がでてきました。

山梨に移って2年目の秋、高橋さんが求めていたすばらしいそばの実が、北海道と茨城県から届きました。

ひいた粉をにぎってみると、淡い緑色のそば粉が手にすいつくような、しっとりとした感触。その粉をつかって、はじめて本当に納得のいくそばを打つことができたとき、高橋さんの心に自然な決意が生まれました。

このそばで、生きていく

理想のそばづくりの背中をおしてくれた恩人、斉藤さんは、この報告をだれよりも喜んでくれました。足が悪くなってしまっていた斉藤さんのために、高橋さんは斉藤さんの自宅を訪れ、そこでそばをふるまいます。斉藤さんは、

「十分おいしい。楽しませてもらったよ」

と言ってくれました。

このことばは高橋さんにとって、何よりもうれしく心強いものでした。高橋さんは、自分のそばが正しい方向に向かっているという自信をもちました。そして、この道をさらにきわめていこうと思ったのです。

空調メーカー、東京での開業、山梨での理想のそばづくり。ふりかえればずいぶん遠回りをしました。でも、これでよかったのだ、と高橋さんは確信していました。

（回り道をして、いろんな経験をしたからこそ、いまの自分があるんだ。だから、回り道をしてよかった）

そうして山梨にお店を移してから15年後。環境を変えることをおそれず前に進み続ける高橋さんは、理想のそばをつくり上げた山梨の店を閉め、再び別の場所に移ることを決めました。

山梨のお店では、行列をつくるお客さんのためにそばを打つことで、毎日が精いっぱい。自分のそばをたくさんのお客さんに食べてもらえることは幸せでしたが、体力的にはきびしい仕事の量です。少し仕事をへらさなければ、体をこわしてしまうかもしれないという不安がありました。そして高橋さんは、たくさんの人にそばを打つ楽しさを知ってもらうことや、自分のあとに続く職人を教育すること、さらにおいしいそばの実を探すことなどにも、時間をとりたいと考えていたのです。

✳そばを伝える

高橋さんが選んだ移転先は、広島県の静かな山奥です。

そば打ちの重労働にたえる体を維持するために、毎朝きびしいトレーニング。

広島ではじめたお店の名は「達磨」。営業は土曜、日曜、祝日のみ、メニューは盛りそば1種類だけと決めました。お店を切り盛りするのは、高橋さんと奥さん、そして5人のお弟子さんの7人だけです。

営業日は少なく、交通の便のよいところにもありませんでしたが、開店すると達磨の名はすぐ全国に知れわたり、営業日には行列ができるほどになりました。やはり、高橋さんの打つそばの味が特別だったからです。それでも山梨の頃にくらべると、そば打ちの量もへり、体への負担もへっていきました。

仕事の量をへらしても、高橋さんのそばづくりへの意欲は充実していました。

おきてすぐに約1時間半、きびしいトレーニングをするのが日課になります。そば打ちは体力勝負の仕事。毎日のトレーニングは、その日もしっかりそばを打てる体かどうかを確認し、長く元気な体を維持するためのものでした。

そばの味へのこだわりも少しも変わりません。鮮度にこだわって打ちあげたそばを、お客さんの食べるタイミングにぴったり合うようにゆで、風味がそこなわれないうちに、すばやく客席に運ばせます。

山奥の店に、開店から1時間で行列ができ、高橋さんが開店前に打つ盛りそば300枚分のそばは、いつもすぐなくなってしまいました。そうなると、高橋さんが追加のそばを打たなければなりません。

70歳を目前にした高橋さんの体に、たくさんの量のそば打ちはきびしい仕事です。しかし高橋さんは、店でだすそばをお弟子さんに打たせることはありません。最後のひとりのお客さんの分まで、必ず自分で打ち続けるのです。自分でそばを打つことへのこだわりについて、高橋さんはこう話します。

「それが、自分の責任だと思うからだよね。自分のそばを食べるためにきてくれて、まってくれるんだから、最後のひとりまで自分で打つ」

そうやって、腰が曲がってしまうほどひたすらにそばと向き合ってきた高橋さん。いちずな職人の心意気から生まれる「神業」のそば打ちは、広島の地でも少しもゆらぐことはありませんでした。

＊＊＊

お店の営業時間を少なくした広島で、高橋さんはお弟子さんの教育に力を入れます。山梨時代からのお弟子さんに加え、広島で若いお弟子さんもとりました。山梨のお店ではお客さんのためにそばを打つのにいそがしく、お弟子さんとゆっくり話をする時間がなかなかとれなかった高橋さん。広島では教育のための時間をつくることができるようになりました。

高橋さんのお弟子さんは、みな高橋さんのもとに住みこみで働いて、そばの修業をしています。高橋さんは、そば打ちではお弟子さんたちをおこることはありません。しかし、生活のみだれはきびしく注意します。

時間を守れない。生活している部屋が散らかっている。電気をつけっぱなしにする。水道の蛇口をしっかり閉めない……。

どれも、そばづくりと直接関係がないことのように思えますが、高橋さんは、そういったことをしんぼう強く注意し続けました。高橋さんには、長年のそばづくりをとおして、信じていることがあったからです。

そばには、心があらわれる

そばは、ごまかしのきかないシンプルな料理です。つくり手の心のみだれや甘えは、そばの味にあらわれてしまいます。きちんとしたそばを打つためには、きちんとした心がまえや、きちんとした生活が必要です。それを教えることは、高橋さんにとって、とても大切なことでした。

高橋さんのもとで15年間修業した弟子の田中邦男さんは、修業時代に高橋さんにしばしば言われた、このことばが印象にのこっていると話します。

「漠然とやるなよ」

お弟子さんを指導する高橋さん。

仕事はただすればいいというものではない、よく考えてしなさい、ということです。目の前にあることだけを見て仕事をするのではなく、全体を見て、いま何をするべきか考えることがだいじだ、ということです。

高橋さんにとってそばづくりは、頭、心、体、すべてをおしみなくつかってする仕事。その大切なことを、高橋さんは短いことばとひたすらに働く姿勢を見せることで、お弟子さんたちに伝えていたのです。

＊＊＊

高橋さんは、達磨のある広島県北広島町で、そば打ち教室も開いています。25年以上も続くこの教室は、高橋さんがこの町でお店を開くきっかけになった教室です。

北広島町との関わりのはじめは、「若者がでて行ってしまう町をそばでもり上げたいので、そばづくりを教えて欲しい」という町からの依頼でした（当時の町名は豊平町）。高橋さんは、その依頼をひき受けることにしました。

町の職員が高橋さんのお店に研修にきました。製粉にも取り組む本格的なそばづくりの研修です。地元にかえってそばづくりの指導ができるようにと、真剣にそばづくりを学んでいったのです。

地域おこしのためのそばづくりは全国各地でおこなわれていて、高橋さんもたくさんの地域で協力をしてきましたが、この豊平町の取り組みは、とくにまじめで熱心でした。その姿勢に心を動かされた高橋さんは、毎年この町を訪れ、そば教室を開くようになります。

教室に参加するのは、プロになるための「そば修業」をしにくる人ばかりではありません。会社を退職した高齢者や、家でおいしいそばを楽しみたい人などさまざまです。高橋さんは、そういった一般の人たちにそばを教えることに、喜びを感じるようになりました。

（こういう仕事はいいな。自分が師匠や先輩たちから教わってきたそばづくりを、たくさんの人に伝え、楽しんでもらいたい）

そんな気持ちがじょじょに強くなっていき、ついに、高橋さんは広島に移転することにしたのです。

お店の営業のかたわら、教室で３００人以上の生徒を教えました。町にはそば畑がたくさんでき、製粉所やそば道場などの施設もできました。広島でそばといえば豊平町、といわれるほど、町にそばの文化が根づきました。

教室でそばづくりを教える高橋さんを、参加者のひとりはこう言います。

「おそばのすごい神様。神様だけど、親しい感じ」

教える高橋さんも笑顔。教わる人々も笑顔。

広島の山あいのそばの町で、高橋さんは充実したときをすごしていました。

＊＊＊

お店の仕事を終えた夜、高橋さんがひとり、九州の地図に見入っていました。広島にお店を開いてから約15年。高橋さんはまたお店の移転を考えていました。理由は高橋さん自身の体力の低下。

山梨から広島にお店を移したときも、体力にあわせてお店の規模を小さくするという目的がありました。そして、70歳を目前にした高橋さんは、今後さらに体力が落ちていくことも考え、新たに、自分の体力にあった仕事をできる環境をつくりたいと思っていたのです。

そば打ちは、腕と腰に大変な負担のかかる仕事です。広島のお店は週末と祝日だけの営業でしたが、それでも高橋さんは、毎週末1日15個のそば玉を打っていました。若手でも1日10個打つのはきびしいといわれるそば打ち。高橋さんの体にかかる負担は重く、限界が近づいていました。

一生そばを打ちたい。その気持ちとはうらはらに、力やスピードは年齢とともに落ちていきます。体に無理がかからないように仕事の量を調整して、そばを打つ気力をおとろえさせないことが必要だと、高橋さんは考えていました。

移転先は大分県。海の見える小高い丘で、奥さんと弟子ひとりの3人でやる会員制予約の店です。大きなお店にするつもりはなく、3人でできる範囲で、少人数のお客さんのためのこぢんまりしたそば屋を開こうと考えていました。

大勢のお客さんのためにたくさんのそばを打ついそがしい日々は、あと1年あまり。しかし、その前に、高橋さんには、責任をもってしなければならない大きな仕事があったのです。

✳最後の大仕事

高橋さんが心に決めた大仕事は、全国を回るそば行脚でした。

高橋さんのところには、毎年新そばの実がとれる8月下旬に、新そばを打って欲しいという依頼が全国各地から届きます。

お店に来られない地域の人にもおいしいそばを食べてもらおうと、高橋さんはこの20年間、新そばの時期に各地でそばを打ってきました。

こうした行脚は、できればこれからも続けたいと思っていましたが、大きな転機をむかえ、今後もこれまでのようにあちこちへ出かけられるかどうかはわかりません。高橋さんは、悔いのないよう、楽しみにしてくれているお客さんに最高のそばを届けたいと思ったのです。

行脚の最初の目的地は北海道です。高橋さんは、広島から青森まで１６００キロを車で走り、青森からフェリーで北海道にわたりました。

最初に腕をふるうのは、弟子屈町のそば祭り。

弟子屈は、高橋さんのために、毎年最高のそばを育ててくれている町です。前掛けのひもをきゅっとしめた高橋さん。感謝の気持ちをこめてそばを打ちはじめます。

しこみはお弟子さんの助けを借りますが、生地をのばすところからは、すべて高橋さんの作業。高橋さんのそばを楽しみに行列をつくる人たちに、妥協のないそばを打ちました。

打ったそばの量は、初日はそば玉42個。２日目は37個。そば玉１個で、盛りそば20枚分なので、２日間で１５８０枚分のそばを打ったことになります。

日本一のそばを食べようと、大勢のお客さんが列をつくる。

弟子屈町のそば祭りが終わると、休む間もなく300キロはなれた北海道の幌加内町に移動。こんどは3日間で7万人が集まる、日本最大級のそば祭りに挑みます。

初日。朝4時半からしこみをはじめ、万全の準備をしましたが、おし寄せるお客さんの数は想定以上。調理場は戦場のようないそがしさになりました。

「そばが足りません」

お弟子さんが報告にきます。高橋さんはこの日、40個目のそば玉をのばしはじめました。

あわただしく時間に追われる中、どれほどつかれがたまっても、高橋さんはいっさい手をぬきません。そばは、はでな味つけもなく、ごまかしのきかないシンプルな料理。お客さんを魅了してきたのは、高橋さんの妥協のない技から生まれる味です。高橋さんは生地だけを見つめ、その小さな世界を深く深く追究し、技をみがいてきました。技をつくしたそばをお客さんに届ける。

その信念はいつでもどんな状況でも変わりません。

そんな高橋さんのひたむきにそばを打つ姿に、お客さんがうっとりと見入ります。究極のおいしいそばを生むその手際と迫力を、そばと同じように味わっているようでした。

最終日。調理台には栄養ドリンクのビンがおかれていますが、高橋さんは、

「よしっ」

と、つかれた体に気合いを入れて、そばを打ちはじめます。

とぎれることのないお客さんのために、次々に新しいそば玉に向かいながら、高橋さんはつくづく考えました。

そばを打つことによって、たくさんの人と結ばれ、人生が広がりました。食べに

きてくれる人は、地位のある人もない人も、お金持ちもそうでない人もいろいろですが、高橋さんにとってはだれもが等しくお客さんです。一人ひとりとの縁が貴重なものでした。

いま、ここ北海道でたくさんの人たちのためにそばを打っているのも、その縁のひとつ。そばが高橋さんの人生を豊かにしてくれました。

そばを打つために、生まれてきた

（自分は、そばを打つために生まれてきたんだな。それなら、やっぱりおいしいと言ってもらわなくちゃ）

打っても打っても、足りなくなるそば。高橋さんは力のかぎり打ち続けます。ついに大台の50個を打ちました。それでもまだそばは足りません。お客さんが高橋さんのそばを求めて並んでいるのです。51個目のそば玉を手にした高橋さん。体は限界のはずです。周囲の人は心配そうな顔をしています。

「打つんですか？」

とたずねられた高橋さんは、気負いなくこたえました。
「うん、そう。51個目をね」
そして、丸い顔をもっと丸くして笑います。
「これからですよ」
お客さんに「おいしい」と食べてもらうために、高橋さんはまたそばを打ちはじめました。
北海道で合計5日間、48時間のそば打ち。高橋さんは、４０８０枚分のそばを少しの妥協もなく打ちきりました。
最後のそばを打ち終わった高橋さんは、一瞬、晴れやかな表情になり、
「終わり！」
と言いましたが、すぐにまたいそがしく、次の場所に向かうための準備をはじめました。頭の中には、高橋さんのそばをまつたくさんの人たちの顔が浮かんでいます。
そばを打つために生まれてきた。
そう信じて、高橋さんは、そばを打つための人生を歩み続けます。

プロフェッショナルとは

自分自身は、プロフェッショナルではないと思います。まだまだだと思うのがいいんじゃないでしょうか。

「完成した」と自分で思ったら、終わりだと思っています。

第216回2013年11月11日放送

こんなところがプロフェッショナル！

極上のそばを打つ、高橋邦弘さん。
こんなところがすごいよ！

とことんこだわる原材料

全国９か所からそばの実を仕入れ、独自に製粉・ブレンドしたそば粉でそばを打つ高橋さん。原材料へのこだわりは、毎年産地を訪ね、畑を回って生産者に会い、その年のそばの実のできを確かめるという徹底ぶりです。

生産者の意識も変える

高橋さんから依頼されてそばをつくっている農家の人は、高橋さんに会ってこれまでの常識ががらっと変わったそうです。これまでは収穫量の多さを気にしていたけれど、量ではなく中身（質）が大切だと気づかされたと言います。

完璧と思えるそばの、さらに上をめざす

独り立ちした高橋さんの弟子は、「どんどん追いかけても、高橋さんのほうがスピードが速く、距離が開くいっぽうだ」と語ります。「追いぬかれたいね～」と言いつつ、「追いぬけるもんなら追いぬいてみろ」と高橋さん。まだまだ上をめざしているのです。

弟子をおこらない

自分もおこられるのはあんまり好きじゃないという高橋さん。そば打ち修業をしている弟子をおこることはありません。おこられて気づくのではなく、自分で気がつくことがだいじだと思っているのです。

プロフェッショナルの格言

そば打ちの神様、高橋邦弘さんのことばを心にきざもう。

そばには、心があらわれる

そばはシンプルゆえにごまかしがきかない料理。心身のみだれがすぐにあらわれます。高橋さんはそば打ちにかぎらず、何に対しても手をぬかず、きちんとした姿勢で取り組む大切さをお弟子さんに伝えます。

そばを打つために生まれてきた

極上のそばを打つ高橋さん。それでも、もっとおいしくと、つねにそば打ちを進化させています。そばを打つために生まれてきたから「おいしい」と言ってもらいたい気持ちも人一倍強いんだと、語ります。

回り道してきてよかった

「いろんなことを経験したことによって、いまの自分がある。自分自身そういう自信があるから、結論としては回り道してよかった」高橋さんはこれまでの道のりをふりかえってそう語ります。

NHK
プロフェッショナル
仕事の流儀

■ 執　　筆　そらみつ企画
■ 編集協力　株式会社 NHK出版
■ デザイン・レイアウト　有限会社チャダル
■ 協　　力　生瀬ヒュッテ、川崎重工業株式会社、新光時計店、
五代目野田岩 麻布飯倉本店、杵築達磨、みやじま達磨
■ 写真協力　五代目野田岩 麻布飯倉本店、PIXTA
■ 執筆協力　古川美奈（p6～44）
■ 校　　正　田川多美恵
■ 編　　集　株式会社アルバ
■ カバーイラスト　usi

NHK プロフェッショナル 仕事の流儀 2
技をきわめるプロフェッショナル

発　行　2018 年 4 月　第 1 刷

編　者　NHK「プロフェッショナル」制作班

発行者　長谷川 均
編　集　崎山貴弘
発行所　株式会社ポプラ社
〒160-8565　東京都新宿区大京町 22-1
振　替：00140-3-149271
電　話：03-3357-2212（営業）
03-3357-2635（編集）

ホームページ　www.poplar.co.jp
印刷・製本　中央精版印刷株式会社
©NHK
N.D.C.916/191 P /20cm　ISBN 978-4-591-15758-9
Printed in Japan

落丁本・乱丁本は、送料小社負担でお取り替えいたします。小社製作部宛にご連絡ください。電話：0120-666-553　受付時間：月～金曜日、9：00～17：00（祝日・休日は除く）。本書のコピー、スキャン、デジタル化等の無断複製は著作権法上での例外を除き、禁じられています。本書を代行業者等の第三者に依頼してスキャンやデジタル化することは、たとえ個人や家庭内での利用であっても著作権法上認められておりません。

NHK

プロフェッショナル

仕事の流儀

編：NHK「プロフェッショナル」制作班

全8巻

小学校高学年以上

N.D.C.916

四六判

仕事にかけるプロフェッショナルたちを紹介

1 革新をもとめるプロフェッショナル

自動車整備士・小山明、小山博久／引っ越し作業員・伊藤秀男／ビル清掃・新津春子／クリーニング師・古田武／義肢装具士・臼井二美男

2 技をきわめるプロフェッショナル

パン職人・竹内久典／ぎょう鉄職人・葛原幸一／時計職人・松浦敬一／うなぎ職人・金本兼次郎／そば打ち職人・高橋邦弘

3 創造するプロフェッショナル

発明家・道脇裕／ロボット研究・山海嘉之／工学博士・國中均／町工場経営者・竹内宏／フィギュアメーカー社長・宮脇修一

4 命と向きあうプロフェッショナル

助産師・神谷整子／小児外科医・山高篤行／ウイルス学者・高田礼人／介護福祉士・和田行男／獣医師・蓮岡元一

5 くらしをささえるプロフェッショナル

鉄道ダイヤ作成・牛田貢平／クレーン運転士・上坏茂／保育士・野島千恵子／水道技術者・笑喜久文／地方公務員・寺本英仁／困窮者支援・奥田知志

6 食をささえるプロフェッショナル

りんご農家・木村秋則／ 肉牛農家・鎌田秀利 ／カキ養殖・畠山重篤／チーズ農家・吉田全作／カツオ漁師・明神学武

7 表現するプロフェッショナル

バイオリニスト・五嶋みどり／狂言師・野村萬斎／ガーデンデザイナー・ポール・スミザー／バスガイド・崎原真弓／書体デザイナー・藤田重信

8 信念をつらぬくプロフェッショナル

プロサッカー監督・森保一／囲碁棋士・井山裕太／恐竜学者・小林快次／歯科医・熊谷崇／建築家・大島芳彦